戦後の部落解放運動

その検証と再考

谷元昭信
Tanimoto Akinobu

解放出版社

装丁◉森本良成

はじめに

本書は、雑誌『部落解放』で二〇二〇年一一月号から二年間二三回にわたって連載された「春告鳥は地を這《は》う──戦後部落解放運動史の検証と再考」を単行本化したものである。連載をはじめたときの問題意識は、次のようなものであったと記した。

第一に、「春告鳥は地を這う」の意味についてである。戦後部落解放運動史の連載をはじめるにあたって、いろいろと構想を練った結果、タイトルを「春告鳥は地を這う──戦後部落解放運動史の検証と再考」とした。

春告鳥とは、周知のように、ウグイスのことである。早春に「ホーホケキョ」と美しい声で鳴き、春の訪れを告げる鶯《うぐいす》は、春告鳥《はるつげどり》とも書かれる。だが、警戒心が強くその姿を見せることは滅多《めった》にない。笹《ささ》などの小籔《こやぶ》の下を忙しく這い回りながら食餌に勤《いそ》しんでいる。姿は見えないが、確かな存在感をもって春を告げ、多くの人たちの心を和ませ、浮き立つような期待感をいだかせてくれる。

これほど多くの人たちに知られている鶯も、その姿や実態はよく知られておらず、誤解されていることが多い。薄黄緑を鶯色とも言うが、実際の鶯は薄褐色である。その意味では、鶯ほど有名でかつ誤解されている鳥はないだろう。その実情が部落解放運動に重なる。

第二に、部落解放運動の真の姿を発信する大切さである。部落解放運動は、その実体について一般的には正確に知られていない部分が少なくない。部落問題に関してメディアに登場するときは、多くの場合、「差別されている実態」か「なんらかの運動的不祥事」についてである。したがって、世間の多くの人びとは、部落解放運動が日常的にどんな活動をしているのか、日本の社会運動においてどのような歴史的位置をもっているのか、さらには日本社会に対していかなる貢献をしているのか、などについて知ることはない。これは、有効な対外的発信力をもってこなかった部落解放運動の責任でもある。

そのために、ある面では、すごい力をもった運動と過大に評価されたり、他面ではある種の強《こわ》面《もて》の圧力団体として胡散臭《うさんくさ》さをともなう評価をされたりという現状がある。

しかし、部落解放運動は、一九二二（大正一一）年の全国水平社創立以来、今日まで一〇〇年近い運動の歴史を刻むなかで、多くの紆余《うよ》曲折《きょくせつ》を経ながらも、日本社会を差別を許さない人権社会に変革していく強力な原動力のひとつとして存在してきたことは疑う余地のない事実である。

第三に、若い活動家世代へのリレーである。戦後部落解放運動史の連載では、このような観点から、戦後の歩みを中心にして豊かな部落解放運動の土壌を掘り起こしながら、日本における社会運動のなかで果たしてきた重要な役割と今日的な部落解放運動の展望を明らかにしたいと考えた。

もちろん、この拙文は、学術論的な文献史学にもとづく通史としての歴史ではなく、運動論的な観点からの過去・現在・未来をつなぐ「問題史学」的なものであることを断っておきたい。したがって、過去の歴史を掘り起こしながら、常に現在へとつながる課題や問題を整理し問題提起をする記述方法をとっている。

とりわけ、これからの部落解放運動を担っていく若い活動家の世代や多くの人たちが議論できるような共通の場を提供しうるものになればと、切に願うものである。

目次

第1章　戦後部落解放運動の再建と水平社運動の継承

統一と生活権擁護を希求した部落解放全国委員会の再建活動

◉ポツダム宣言受諾による無条件降伏と戦後民主改革の推進

一九三一年九月の満州事変からはじまった日本の侵略戦争は、日中戦争（一九三七年七月）・第二次世界大戦（一九三九年九月）・太平洋戦争（一九四一年一二月）へと拡大し、一九四五年八月一四日にポツダム宣言の受諾を決定して無条件降伏、一五日に天皇裕仁《ひろひと》の「玉音放送《ぎょくおん》」を通じて国民に公表された。長い「一五年戦争」は、日本の敗戦で終わった。

ポツダム宣言は、「軍国主義の一掃」「戦争犯罪人の処刑」「民主主義的傾向の復活・強化に対する一切の障害の除去」「言論・宗教・思想の自由ならびに基本的人権の尊重」などの民主的改革を敗戦国日本に義務づけた。

しかし一方では、連合国軍隊の共同占領という名目のもとにアメリカ軍が単独占領をおこない、日本を拠点にしてアメリカのアジアにおける覇権を確立するとともに反共主義の防波堤にするという野望を内在したものであった。アメリカ帝国主義の野望にとって無害有益な範疇《はんちゅう》での民主的改革の推進であったといえる。

このような「帝国主義的野望」の枠内における「民主主義的改革」という基本方針のもとで、アメリカのマッカーサーを総司令官とする連合国軍総司令部（ＧＨＱ）は、当初、民主的改革策を相次いで指令した。「治安維持法などの弾圧法規の廃止」「政治犯の即時釈放」「特高警察の解体」「天皇制批判の自由」を指令し、五大改革として「婦人の解放」「労働者団結権の承認」「教育の自由主義化」「専制政治からの解放」「経済の民主化」を指令した。さらに、天皇制軍国主義の基盤となった寄生地主制の解体による農地改革や財閥解体（一時的）、戸主制廃止などの家制度の解体などを指令した。ただし、戦前の絶対主義的天皇制については、天皇の戦争責任は免責され、新憲法のもとでも「象徴」天皇制という曖昧模糊《あいまいもこ》とした概念のもとに存続させられた。アメリカの帝国主義的野望と日本の「国体維持」を主張する反共主義的保守派の思惑による合作であった。

いずれにしても、このような時代背景のもとで、一九四六年一一月三日に「日本国憲法」が公布され、翌年五月三日に施行された。これが、戦前の一八八九（明治二二）年二月一一日に発布され翌年施行された「大日本帝国憲法」（欽定《きんてい》憲法）に代わって、主権在民・平和主義・基本的人権を三原理とした現行憲法である。

当然のことながら、この時期は、アメリカのマッカーサーを司令官とする連合国軍総司令部

（GHQ）の占領下にあった時期（一九四五年〜一九五二年）であり、その影響力が色濃く憲法作成過程に反映されたことは事実である。同時に、新たな日本社会を建設するための民主憲法として、日本の国会や国民が歓迎したことも事実である。その意味では、アメリカからの「押しつけ憲法」反対という一面的な批判は、的外れである。

◉ファッショ体制からの解放と新時代への期待

戦後の部落解放運動は、絶対主義的天皇制ファッショ体制からの解放と民主的な新時代への期待という時代背景のもとで、一九四五年八月一五日の敗戦直後の早い段階から再建活動を開始した。

敗戦後の混乱と疲弊のなかにあって、一〇月一日には三重県で、朝田善之助《あさだぜんのすけ》（京都）、松田喜一《まつだきいち》（大阪）、上田音市《うえだおといち》（三重）、野崎清二《のざきせいじ》（岡山）らの水平社運動家が集まり、再建協議をおこなった。いわゆる「志摩《しま》会談」である。その直後には、「京都会談」で松本治一郎《まつもとじいちろう》（福岡）、井元麟之《いもとりんし》（福岡）、北原泰作《きたはらたいさく》（岐阜）、朝田、松田らが部落解放全国委員会の構想を協議している。

このような再建にむけての活動が敗戦直後からはじまったことは、戦時体制の弾圧路線のもとで水平社を消滅させざるをえなかった忸怩《じくじ》たる思いがあったことの証左であったといえよう。水平社は、戦時体制の治安対策強化の過酷な弾圧路線によって翻弄され、右顧左眄《うこさべん》の混迷を繰り返したことは事実である。東条《とうじょう》内閣は一九四一年一二月に「言論出版集会結社等臨時取締法」を強行し、政治結社・思想結社の設立と存続を許可制とした。思想結社とされた水平社は存続不可とされ自発的解散を強制されたが、水平社は解散届を提出せずに、一九四二年一月二〇日、「法的に消滅」する道を選ばざるをえなかったのである。

水平社は二〇年の歴史を刻んだが、組織としては消滅し、戦後の部落解放運動再建までの「四年間の組織運動の空白期間」が生じたのである。この混乱と空白の時期は結果として戦争に加担した痛恨の歴史でもあったが、部落解放への熱い思いは埋《うず》み火《び》のように存在しつづけていたことを物語っている。

◉部落解放全国委員会の結成は部落内統一戦線への志向

この再建協議において注目すべきは、戦前の水平社運動の常態化していた分裂状況を反省して、部落内統一戦線をめざしていたことである。それは、一九四六年一月の全国部落代表者会議の呼びかけ人に水平社運動家の松本治一郎・北原泰作とともに融和運動家であった山本政夫《やまもとまさお》(広島)、武内了温《たけうちりょうおん》(東本願寺)、梅原真隆《うめはらしんりゅう》(西本願寺)の五人が発起人として名を連ねているところにも明らかであり、二月一九日に京都での全国部落代表者会議後、ただちに結成された「部落解放全国委員会」の役員構成をみても一目瞭然である。水平社運動と融和運動の活動家の錚々《そうそう》たる名が連なっている。

もうひとつの注目点は、組織名称である。水平社運動の継承を自認しながらも、部落解放全国委員会と改称したことは、水平社運動における「部落委員会活動」の継承を明確にするためであったということである。その部落委員会活動こそが、広範な部落諸階層を統一するためのものであるという認識が共有されていたことである。

部落解放全国委員会結成記念写真。全国部落代表者会議・部落解放人民大会会場の京都新聞会館前で＝故松本龍

◉政治的諸潮流を包摂しつつ奮闘した水平社の経験と部落委員会活動の継承

水平社運動は、初期から常に運動路線をめぐる対立が存在していた。とりわけ、アナーキズム派（無政府主義派。アナ派と略された）とボルシェビキ派（社会主義派。ボル派と略された）との対立（一九二〇年代後半）、全国水平社総本部と全国水平社解消派との対立（一九三〇年代前半）、全国水平社総本部と部落厚生皇民運動派との対立（一九三〇年代後半）は、組織的な大混乱を招いた熾烈《しれつ》な三大対立である。

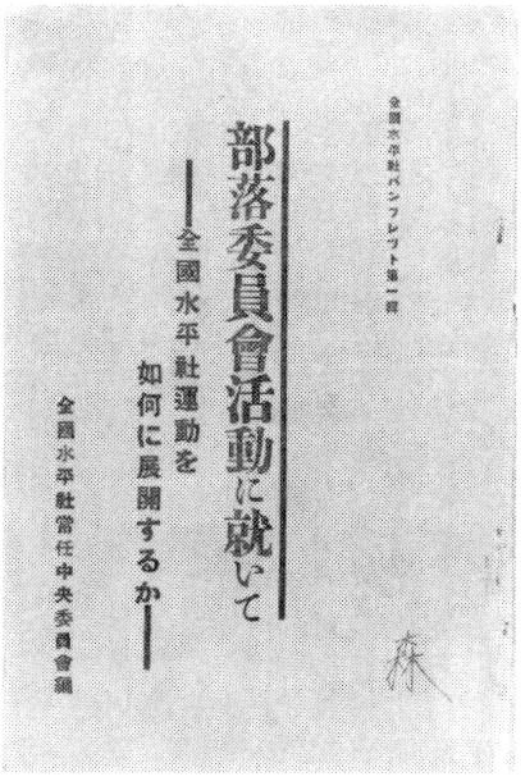

『部落委員会活動に就いて』

水平社運動における部落委員会活動は、アナ・ボル論争の延長線上にあった「水平社解消論」をめぐる対立を克服するために打ち出された運動論である。全国水平社解消派は、階級闘争第一主義で、社会主義革命だけが部落解放を実現できるのであり、身分闘争の性格を有する水平社は階級闘争の妨害物になっており、これを解消して階級闘争に合流すべきだという主張であり、全国水平社総本部は、ボル派の主張に反対し、部落問題独自の課題を重視して生活と権利擁護の闘いを進めるべきだという主張であった。これらの論争の背景には、コミンテルン（国際共産主義運動の指導機関）の「三一年テーゼ」と「三二年テーゼ」の影響が存在している。

個々の局面での対立の争点は多少の違いはあるが、総じて社会主義グループと社会民主主義グループおよび保守的融和主義グループとの対立であり、ボル派のセクト主義的対応に大きな問題点があったといえる。文献資料的には、ボル派の主張が主流のように見受けられるが、全国各地の様相から察すると、松本治一郎を中心とする戦闘的な社会民主主義グループが水平社運動の実質的な牽引車《けんいんしゃ》であったことは疑う余地がない。

それにしても、さまざまな政治的潮流を水平社運動というかたちで抱え込んでいた懐の深さには驚嘆させせられる。階層的・政治的異質性を当たり前のこととして社会運動として水平社運動が展開されていたということであり、今日的にみても非常に大きな教訓である。

同時に、水平社運動と政府系の融和運動は批判しあいながらも、現場では生活と権利を守るために多くの場面で協調・協働していたという事実も見逃してはならない。部落委員会活動は、これらの現実をふまえた活動方針であった。

部落委員会活動は、「水平社解消論は誤りであった」との認識のもと、「部落委員会活動とは一口に言えば、社会生活のあらゆる領域にわたって今日なお被圧迫部落大衆を束縛しているところの封建的身分関係を、決定的に粉砕しようとする部落民の大衆的闘争形態のことである」と定式化し、「世話役活動は部落委員会活動の基礎的活動である」という方向を打ち出した（『部落委員会活動に就いて―全国水平社運動を如何《いか》に展開するか―』一九三四年七月）。すなわち、生活圏域において生活権擁護の闘いを軸として差別糾弾闘争を大衆的に闘うという方向である。この方向は、一九三二年段階ですでに「部落民委員会活動」として提起され、翌年の高松《たかまつ》差別裁判糾弾闘争で実践化された成果を受けて、「部落委員会活動」と改称して定式化されたものである。

ちなみに、この部落委員会活動に対抗するかのようにして打ち出されたのが、政府の「融和事業完成十箇年計画」（一九三六年度～一九四五年度）である。水平社が「もっとも大仕掛けな反動的かつ欺瞞《ぎまんてき》的な意図によって企てられた」と痛烈に批判した政策であり、挙国一致体制の戦争遂行路線の一環であり、実体的には有名無実化した計画である。

◉戦後部落解放運動は水平社運動の何を継承したのか

戦後の部落解放運動が、再建にあたって戦前の水平社運動から継承したものは、「水平社宣言の自主解放の思想」「不屈の徹底的差別糾弾闘争の姿勢」「部落委員会活動の運動形態」であり、あらためてめざしたものは「広範な統一戦線の形成」であったことを明確に記憶にとどめておきたい。

同時に、再建時に戦争加担への明確な自己批判的総括がなかったことは悔やまれる。部落厚生皇民運動などにみられる水平社の戦争協力・加担という歴史的事実については、すでに朝治武が『アジア・太平洋戦争と全国水平社』（解放出版社、二〇〇八年）、『水平社論争の群像』（解放出版社、二〇一八年）などで精緻な論証をおこなっている。正確な事実にもとづいて真摯で本格的な歴史的総括が運動体の名においてなされる必要がある。

第2章　戦後民主改革をめぐる保革の激闘

1　戦後民主改革をめぐる「松本治一郎」と「吉田茂」との熾烈な闘い

◉松本は吉田の「政治的天敵」

戦後の民主的改革をめぐる闘いは、これを推進しようとする民主勢力と国家の中枢を占めていた国体維持派（天皇を中心とする政治体制が日本の国体とする考え）の保守勢力との熾烈なせめぎ合いが繰り返された。

保守勢力の中心であり戦後政治を総理大臣として牽引《けんいん》してきた吉田茂《よしだしげる》は、民主勢力の重鎮であり部落解放運動のリーダーであった松本治一郎を生涯の政治的天敵として、国会議員にさせないために「公職追放」の画策を三度にわたって執拗《しつよう》なまでに繰り返した。

公職追放とは、ＧＨＱ（連合国軍総司令部）の民主的改革の一環として「軍国主義的又は極端な国家主義的指導者の追放」との指示のもとに日本政府が遂行した政策であるが、やがてGHQが反共主義的反動化へと政策転換するなかで、「レッド・パージ」へと変質していった。

吉田茂は、この公職追放政策を自らの政敵を追い落とすために徹底的に濫用した。その露骨さは、「Yパージ」と揶揄《やゆ》されるほどであったといわれる。とりわけ、松本治一郎に対しては異常なほどの執拗さでおこなわれた。吉田が松本をもっとも恐れていた証である。

◉一回目の公職追放策動

一回目の松本治一郎に対する公職追放策動は、一九四六年三月である。これは、松本がその年の二月に再建された部落解放全国委員会の委員長に就任した直後で、四月におこなわれる戦後初の総選挙での立候補を封じ込めるためであった。GHQもこの策動には反対であったが、吉田茂が押し切り、選挙後に除外するという卑劣な策をとった。

この年は、元旦に天皇がラジオ放送でいわゆる「人間宣言」をおこない、新憲法草案論議も活発におこなわれた。当時の解放委員会も積極的に論陣を張り、「華族制度全廃」「農地制度の徹底的改革」「憲法草案第一三条（平等条項）の具体化」など政府に要請をおこなった。そして、一一月三日に日本国憲法が公布され、翌年の一九四七年に施行されることになる。

戦前からいかなる弾圧にも屈せず、「不可侵・不可被侵」「貴族あれば賤族《せんぞく》あり」の信念のもとに、各方面での民主闘争の先頭に立ち、部落解放の旗を振りつづける松本治一郎は、吉田茂にとってその存在自体が脅威であったのである。松本を何としても国政から排除しようとする吉田茂の陰謀・画策は、その後も続くことになる。

2　戦後の民主的改革に対する反動的転換

◉労働運動・民主的大衆運動の「嵐のような進撃」

一九四五年一二月に日本ではじめての「労働組合法」が制定され、翌年三月から施行された。労働者の団結権やスト権が保障され、労働運動は大きく組織を拡大した。一九四六年八月には、分立形態ではあったが日本労働組合総同盟（総同盟）と全日本産業別労働組合会議（産別会議）の二つのナショナルセンターが結成された。この分立形態の背景には、戦後労働組合の多くが民間企業において「企業別組合」という世界的にも特異な日本特有の組織形態をとったことがあった。

一九四六年は、労働運動だけではなく、さまざまな民主的大衆運動も活発化した。部落解放全国委員会（二月）、日本農民組合（二月）が結成され、前年には新日本婦人同盟（一一月）、新日本文学会（一二月）なども結成されており、その後もさまざまな分野での民主運動の動きは続いた。

このような時代背景のもとで、一一月三日に「日本国憲法」が公布され、労働運動は民主的大衆運動とも連携し、〝嵐のような進撃〟を続けていた。

◉GHQの「二・一ゼネスト」禁止命令と「政令二〇一号」

戦後の一連の民主的改革が進んでいくなかで、GHQが「これ以上の民主化は危険」として反動的転換をおこなったのが、一九四七年の「二・一ゼネスト」に対する強権的中止指令である。

全官公庁労働組合共同闘争委員会（全官公庁共闘／二六〇万人）が一九四六年一一月二六日に結成され、賃上げ要求を強硬に拒否する政府との全面対決の局面に突入した。賃金引き上げの経済闘争から、「吉田内閣打倒」「民主人民政府樹立」を要求する政治闘争へと発展した。

一九四七年一月一日、産別会議幹事会は、全国の労働者にむけて「用意はよいか、前進だ。民主主義革命の年一九四七年！」と呼びかけた。これに対して、吉田首相は、NHKラジオを通じた年頭あいさつで「不逞《ふてい》の輩《やから》」と呼んで労働運動に対する敵意をあからさまに表明した。全官公庁共闘は、要求貫徹のために「二月一日午前零時を期して歴史的なゼネストに突入」することを決めた。産別会議をはじめ、民間労組も合流し共同闘争体制も整えられ、まさに革命前夜のような状況を呈したという。

だが、このゼネスト突入必至の状況に対して、GHQのマッカーサー司令官が、一月三一日午後二時三〇分、ゼネスト禁止命令を出した。日本の民主化の徹底を望まないアメリカの反共主義の立場からの強権的命令であった。日本の民主化路線がわずか一年半の期間で、反動的転換をはかった瞬間である。ＧＨＱが「解放軍」であるという幻想をいだいていた多くの労働者や野党政治家、大衆は深い衝撃を受けた。

追い打ちをかけるように、翌年の一九四八年七月には、ＧＨＱのマッカーサー司令官が、当時の芦田均《あしだひとし》首相に「公務員からストライキ権と団体交渉権を剥奪《はくだつ》する」ように書簡で要求した。その年の三月に片山《かたやま》内閣が総辞職したとはいえ、社会党も参画しているこの芦田連立政府によって、「昭和二三年七月二二日付内閣総理大臣宛連合国最高司令官書簡に基く臨時措置に関する政令」（政令二〇一号）が出され、公務員のスト権と団体交渉権は剥奪された。この状態が、今日にいたるまで続いている。

◉現実味をもっていた「民主人民政府樹立後の首班は松本治一郎」

歴史の余談だが、この「二・一ゼネスト」直前には、近く実現するであろう「民主人民政府」の首班に松本治一郎の名が現実味をもって挙げられていたことを記憶にとどめておきたい。松本治一郎が、政治活動や部落解放運動はもちろんのことだが、自由人権協会、日中友好協会、国際連帯活動等々の幅広い社会運動に深く参画しながら、それを基盤に政治活動をおこなっていた証

初の参議院選挙（1947年４月20日）で当選した松本治一郎
＝福岡県人権研究所

である。そのような社会運動に裏づけられた政治活動だけがほんとうに社会を改革していく原動力であり、政治的リーダーにふさわしいと衆目が認めていたということであろう。松本治一郎の個人的な器量の大きさもあるだろうが、それを支えた部落解放運動が日本社会の行方を左右するような重要局面において常に荊冠《けいかん》旗《き》をなびかせていた歴史的事実によって日本の社会運動のなかにおいて揺るぎない位置と信頼を勝ち得ていたということである。この活動スタイルは、今日においても教訓化され大事にされなければならない。

◉二回目の公職追放策動と「カニの横ばい」拒否

二回目の松本治一郎に対する公職追放策動は、この「二・一ゼネスト」禁止命令が出された直後に実施された第一回参議院選挙のとき（一九四七年四月）におこなわれた。選挙直前に公職追放から除外され、選挙準備がきわめて短かったにもかかわらず、松本は第四位の高位当選を果たした。その五日後におこなわれた衆議院選挙では、社会党が第一党に躍進した。

吉田茂内閣は総辞職し、社会党委員長の片山哲《かたやまてつ》を首班とする保革連立内閣（社会党・民主党・国民協同党）が成立する。だが、片山内閣は、GHQの言いなりで、独占資本の復活と戦後低賃金の基本構造をつくっただけで、社会党の公約政策は何ひとつ実現することなく、一九四八年二月に総辞職に追い込まれ、わずか八カ月の短命内閣で終わった。一九九〇年代の村山《むらやま》内閣（社・自・さ保革連立政権）を想起させる。

この片山内閣のときに参議院副議長に就任していた松本治一郎は、国会開会時の天皇へのあいさつに際して「カニの横ばい」拒否という有名な快挙に出る。一九四八年一月二一日のことである。戦前の帝国議会においては、国会開会前に貴衆両院の正副議長が天皇に「拝謁」するのであるが、このときに常に天皇に正対しておかなければ「不敬」になるということで、カニが横に歩くような形で拝謁するのが慣例になっていた。これに対して、松本治一郎は、「人間が人間を拝むようなことはできんよ」と言って、そのような歩き方を拒否して、通常のやり方であいさつをしたのである。国会内外は騒然となり、保守系各党は「天皇に対する不敬」であると強硬に抗議をしようとしたが、松本は毅然《きぜん》としてはねのけた。

この事実は、国体維持派の保守系政治家にとっては許しがたい行為であり、松本の存在自体を国政から排除しようとする陰謀と画策が一九四八年九月からはじまった。

◉三回目の公職追放に対する反対運動の高揚と部落解放国策樹立の闘いの結合

三回目の松本治一郎に対する公職追放は、一九四九年一月、総選挙投票直後におこなわれた。この総選挙で吉田茂の民主自由党が過半数を獲得し、戦後はじめて保守党が単独の安定政権を確立した。このときには、部落解放運動関係者では、松本をはじめ田中松月《たなかしょうげつ》、井元麟之ら一〇人が公職追放該当者とされた。戦前に軍国主義団体と関係があったとの捏造によるこの陰謀と画策は、松本治一郎個人や部落解放運動に対してだけおこなわれたのではなく、日本の民主勢力を切り崩すために仕組まれた大がかりなものであった。

もちろん、首謀者は吉田茂である。吉田は、一九四八年の一〇月から第二次吉田内閣を組閣しており、ＧＨＱの反動的転換の方針を利用しながら、労働運動や民主運動を弾圧・抑制した。その後も五次にわたる長期政権を一九五四年一二月まで続けることになる。

部落解放全国委員会は、ただちに「すべての解放運動ならびに全人民大衆に対する保守反動政府の弾圧であり挑戦である」として、広範な民主団体との共働のもとに、不当追放反対闘争を全国化した。闘争は長期化していくが、部落解放運動の画期的な高揚もつくりだした。国会前のハンスト戦術などを駆使しながらの粘り強い闘いによって、一九五一年八月にようやく第二次での追放解除が実現し、松本治一郎は参議院議員に復帰した。同時に、井元麟之、深川武《ふかがわたけし》、中西郷《なかにしごう》市《いち》、山本政夫らも解除された。足かけ三年の長期にわたる大闘争であった。

残念なことに、松本不当追放反対闘争の中心となって、請願隊やハンストを果敢に闘った部落解放全国委員会の書記長であった山口賢次《やまぐちけんじ》（大阪）が、追放解除という勝利を目前にしながら、一九五一年七月に疲労と生活苦により自死するという辛い出来事もあったことを忘れてはならない。

1950年４月30日、松本不当追放取消要求請願隊の山口賢次（右から３人目）ら６人が首相官邸前でハンストに突入

実は、この松本不当追放反対闘争は、部落解放の国策樹立を求める闘いと結合されていったことを見落としてはならない。一九五〇年一月に運動方針で国策樹立の方向を決め、三月には「一千億円を闘いとろう――部落解放の国策要請書」を発表し、闘いを開始した。この闘い方が重要である。松本治一郎不当追放反対闘争という大きな政治闘争の基盤に社会運動の現実的な要求が据えられ結合されることで、持続的な闘いを可能にし、現実的な社会変革の原動力になっている。今日においても忘れてはならない闘い方の教訓である。

◉東西冷戦構造の深化のもとでの高度経済成長路線

一九四九年の大がかりな公職追放政策は、露骨で本格的な「レッド・パージ」の幕開けであった。この年に、戦後三大捏造《ねつぞう》事件といわれる「下山《しもやま》事件」（七月五日）、「三鷹《みたか》事件」（七月一五日）、「松川《まつかわ》事件」（八月一七日）が起こり、労働運動の中心勢力であった国労や民間の東芝労連などの活動家（大多数が共産党員）に対する弾圧が強化された。その後も労働運動に対する抑圧は続き、組合の分裂策動がおこなわれていく。

一九四九年一〇月には、中国共産党の一党独裁のもと中華人民共和国が成立し、米ソを中心とした東西冷戦構造はより深化していく。この状況のもとで、一九五〇年元旦の年頭の辞において、マッカーサー司令官は「日本国憲法は自己防衛の権利を否定していない」と声明し、再軍備可能の方向への憲法第九条解釈を示したのである。

そして、六月に朝鮮戦争が勃発するやいなや、八月に「警察予備隊」（七万五〇〇〇人）を創設し、公然と再軍備を開始した。朝鮮戦争は、一九五三年七月に「休戦協定」が結ばれるが、朝鮮半島は三八度線で南北が二分され、今日にいたる「民族の悲劇」が続くことになる。このときの警察予備隊が、保安隊（一九五二年）となり、一九五四年には自衛隊となって、今日では世界有数の軍事力をもつ軍隊に膨張している。

一九五一年には、アメリカのサンフランシスコで「対日講和条約」（サンフランシスコ条約）と

「日米安保条約」が締結され、翌年四月二八日に発効した。この両条約は不可分一体のものであり、国内では、社会主義国も含めた全面講和を求め、アメリカを中心とする西側諸国だけとの片面（単独）講和に反対する大きな運動も起こったが、強権的な吉田政権に押し切られた。ここに、今日にいたるまでの日米関係の基本的な枠組みが決まった。日本は、極東地域における防共最前線基地の役割を果たすことになる。とりわけ沖縄は、アメリカ施政権下に置かれ米軍事基地化されていった。一九七二年に本土復帰したが、いまもこの状況は基本的に変わっていない。戦後の「日本」の平和と繁栄は、沖縄の犠牲のうえに成り立っている現状と歴史的な沖縄に対する差別待遇の事実を忘れてはならない。

日本は、防共最前線基地として、朝鮮戦争を契機とする軍需景気によって経済を再建・復興し、「東洋の奇跡」といわれる高度経済成長の時代（一九五五年〜一九七三年）を迎えることになる。日本の平和と繁栄の象徴としての高度経済成長が、沖縄と朝鮮、さらには東南アジア諸国を犠牲にしたものであったことから目を背けてはならない。だれかの犠牲のうえに成り立つ豊かさは、決して本物の豊かさとはいえない。

第3章　日本国憲法と差別問題の位相

ここまで戦後の混乱期に何が起こっていたのかについてクドクドと書いてきた。それは、今日においても整理できていない問題が、この混乱期に原初形態をもっており、そのことを総括しないままにきていることに淵源《えんげん》があるように思うからである。

たとえば、戦争責任の曖昧化の問題が、天皇制問題や自衛隊問題、アジア諸国や朝鮮半島問題、沖縄問題などに連動しているし、ひいては民主勢力がなぜ保守勢力に負けつづけるのかという問題にまでつながってくる、という問題意識に駆り立てられているからである。

1　日本国憲法と差別問題の位相

◉改憲か護憲かの硬直状態からの脱却の必要性

現行の日本国憲法は、「自由と平等」を基底に置いた民主憲法である。前述したように、主権在民、平和主義、基本的人権を三本柱にしている。だが、周知のように、その内容は、制定時におけるＧＨＱ（実体はアメリカ軍）と日本の保守勢力および民主勢力の三者間での激烈な暗闘の結果を反映している。それゆえに、そこには、折衷的な曖昧さも含めてさまざまな問題点が内在している。

今日の自民党を中心とする改憲論議は、「天皇元首化」「自衛隊の国防軍への改組の憲法明記」「公益及び公の秩序による基本的人権への制限条項」「国民の義務への加重記述化」「改正手続きの変更」等々を柱にしたものである。きわめて反動的な国権主義的改憲論であり、決して容認できるものではない。

これに対して、改憲反対勢力は、総論的な「立憲主義」の堅守と「現行憲法擁護」（護憲）論が主流であり、具体的な各論議論は深められることなく、ほぼ停止状態である。

現状をふまえた有効な憲法論議がなされないもとで、改憲勢力が、「集団的自衛権行使」「各種有事非常事態法改正策動」「特定秘密保護法」「メディアの言論規制強化」等々の既成事実を、解釈改憲しながら着実に次から次へと積みあげているのが実情である。

日本国憲法制定時にどのような議論の経過があったのかを検証しながら、現時点でその問題点を確認し共有しておくことが大切である。

◉憲法第一四条の非差別・平等条項の検証

部落解放運動や被差別マイノリティにとって、大きな関心をもたざるをえないのは憲法「第一三条」と「第一四条」である。いいかえれば、憲法が差別問題をどのように扱っているかという問題である。周知のように、それらの現規定は次のようになっている。

第一三条　すべて国民は、個人として尊重される。生命、自由及び幸福追求に対する国民の権利については、公共の福祉に反しない限り、立法その他の国政の上で、最大の尊重を必要とする。

第一四条　すべて国民は、法の下に平等であって、人種、信条、性別、社会的身分又は門地により、政治的、経済的又は社会的関係において、差別されない。

2　華族その他の貴族の制度は、これを認めない。

3　栄誉、勲章その他の栄典の授与は、いかなる特権も伴はない。栄典の授与は、現にこれを有し、又は将来これを受ける者の一代に限り、その効力を有する。

いわゆる「個人の尊重」「幸福追求権」「非差別・平等」条項である。

ここでは、「第一四条」の非差別・平等条項を、ＧＨＱが作成したいちばん最初の「草案」部分と比較しながら、その実体を検証する。すでに、渡辺俊雄が『部落史の再発見』（解放出版社、一九九六年）の「憲法草案から削除されたこと」で論述されていることを参考にしたい。

「第一四条」に該当するGHQの最初の「草案」は次のとおりである。

すべての人は、法の前に平等である。人種、信条、性別、カーストまたは出身国により、政治的関係、社会的関係、教育の関係および家族関係において差別されることを、正当化または容認してはならない。

第一の問題点は、草案の「すべての人」は「すべての国民」に変更されたことである。国境を越えるべき「非差別・平等」の原則は、日本国籍をもつ国民に限定された。

第二に、差別事由の例示では、「カーストまたは出身国」が「社会的身分又は門地」になった。憲法用語としての「カースト」の是非はともかく、それは部落差別を意味していた。GHQは部落問題の存在を解決すべき重要な社会問題として認識していたことを示すものである。そして、当時の憲法制定議会は、部落問題は「社会的身分」に含まれるとの見解であった。

しかし、次項で詳説するように、日本政府は、憲法が制定される前の一九四六年三月段階で、厚生省通達によって同和事業の打ち切りを宣言し、「部落問題は解決済み」との姿勢を示していたのである。だからこそ、憲法制定以降も、政府はできるだけ部落問題の存在にふれることを避けようとしてきたのである。

第三に、「出身国」を削除することで、現実に存在している国籍差別・民族差別を「存在しないもの」として黙殺してきたのである。

このような「あるのにない」とする姿勢は、日本政府が一九五一年に国連に報告した『日本のマイノリティ』というレポートに端的に表れている。このレポートは、世界人権宣言にもとづく国際人権規約策定のために国連が各国に提出を求めた報告書であった。戦後から一九九〇年代半ばまでの長い期間、マイノリティ問題についての日本政府の基本姿勢となってきた。

この基本姿勢のもとで、「国民」から排除された在日朝鮮人は基本的人権を奪われ、アイヌ民族は民族性を否定され、差別を受けつづけてきたのである。

◉憲法第一章「天皇」条項と差別問題

松本治一郎大先輩の「貴族あれば賤族あり」という言葉は、部落解放運動が「天皇」制問題に向き合うときの基本姿勢である。いかなる美辞麗句をもって天皇制が擁護されようとも、部落解放運動は断じて「天皇制」を擁護することはできない。天皇制擁護論は、部落差別や民族差別、女性差別や障害者差別の存続を容認する論理だからである。

今日においても、部落差別が存続する思想的根拠として、ケガレ観的浄穢《じょうえ》思想、血統的貴賎《きせん》思想、家父長的家思想、近代的優生思想などをあげることができる。これらの差別を生み出し温存させる思想が、「天皇制」を維持・存続させる思想の支柱である「万世一系」「神聖不可侵」「単一民族」論と強い親和性をもっているし重なり合っているのである。

戦前の絶対主義的天皇制は、軍国主義の推進母体であったが、戦後においてはその戦争責任を問われることなく、憲法によって「象徴天皇」制として残された。ＧＨＱと国体護持を唱える日本の保守勢力との政治的思惑による判断であった。その地ならしとして、一九四六年元旦に、昭和天皇によるいわゆる「人間宣言」がなされ、天皇自らが神格を否定したものとして多くの人心に歓迎されたのである。実際に、戦前の天皇制に批判的であった「進歩的」学者である津田左右吉《つだそうきち》（歴史家）や和辻哲郎《わつじてつろう》（思想家）、石井良助《いしいりょうすけ》（法制史家）らは、「象徴天皇制」を「国民統合の象徴」「不親政」論などをもって擁護し、戦後民主主義と共存共栄できると主張した。これらの論理がきちんと批判されることなく現在も生きつづけていることが問題である。一九七七年夏の昭和天皇の記者会見の内容が、この事実を物語っている。

この「人間宣言」の主眼は、前段に引かれた「五箇条の御誓文《ごせいもん》」により、明治天皇がすでに早く民主主義を説いていることの強調にあり、神格の否定は副次的な問題であった、と

語っている。（赤坂憲雄『象徴天皇という物語』岩波現代文庫、二〇一九年）

「五箇条の御誓文」が民主主義を説いているとして、戦後社会の出発点において、その構想としてふたたび掲げられ、現在の社会はその延長線上に存在している。現在では、天皇の代替わりを機に、飛鳥《あすか》時代に聖徳太子が策定したといわれる「一七条憲法」がすでに民主主義の思想を体現しているとの主張が盛んに喧伝《けんでん》されていることとあわせて、天皇代替わりの種々の儀式に目を奪われることなく、天皇制についての本質論議を深める必要がある。

天皇制にかかわる歴史や思想を事実によって批判的に検証し、相対化・無化していく現実的な営みが必要であると同時に、民主主義とは完全に背理関係にある「天皇制」を思想的にも制度的にも批判し、自然に「死滅」させていく不断の努力が重要不可欠である。

◉その他の重要な「九条問題」「家制度問題」「人権制限問題」の問題点

現行憲法は、そのほかにも「九条問題」「家制度問題」「人権制限問題」など、重要な問題点を有している。これらの問題は、今後別項でふれていきたい。

渡辺俊雄は、憲法制定過程における議論や事実を検証しながら、「憲法はさまざまな差別の論理を内包していたし、戦前の植民地支配・戦争責任を自覚して戦後責任を果たそうとするものではなかった」、「日本国憲法あるいは戦後民主主義は、こうした差別を憲法の建前としても許容したまま成り立ってきたのである」との鋭い指摘をしている（「憲法草案から削除されたこと」『部落史の再発見』）。

筆者もこの渡辺の指摘を全面的に首肯する。今日の憲法論議や戦後民主主義論議において、決して曖昧にしてはならない重要論点である。

2　厚生省「同和事業に関する件」通達と戦前の融和行政の問題点

この段階で、部落問題の克服にかかわっての戦前の融和行政の問題点について再確認しながら、その後の同和行政の課題をみておく必要がある。

◉「部落問題は解決済み」の通達

一九四六年二月一九日に部落解放全国委員会が結成されるが、この動向に呼応するように政府厚生省は三月に「同和事業に関する件」という通達を都道府県に発している。これは、戦中の一九三六年度から開始した「融和事業完成十箇年計画」が時限的には一九四六年三月末をもって終了することに対応した通達である。この通達では、「十ケ年計画も昭和二十年度を以《もっ》て終了し国民同和の進況相当観《み》るべきものありと認めらるる」として同和事業の打ち切りを宣言したのである。この通達が、同和対策審議会（同対審）答申が出されるまでの政府の基本姿勢となり、部落差別の現実とは遊離した「部落問題は解決済み」との対応を続けることになった。

同対審答申（一九六五年）は、「太平洋戦争に敗北した日本は、連合軍の占領下に置かれた。占領政策の方針として、同和地区を対象とする特別の行政施策は禁止されたので、政府の同和政策は中断され行政の停滞を余儀なくされた。……戦後のいわゆる民主的改革にもかかわらず同和問題は未解決のままでとり残されたわけである」と記述している。しかし、渡辺俊雄が「憲法草案から削除されたこと」で指摘しているように、この記述は誤認であり、もっといえば虚偽である。ＧＨＱはそのような「禁止」をした事実はない。一九四六年の厚生省通達にみられるように、日本政府自身の意識的な無作為こそが原因で「同和問題は未解決のままでとり残された」のである。この歴史的事実は明確に認識しておかなければならない。

◉戦前における融和行政の思想と問題点

戦後の部落解放運動と同和行政を語るにあたっては、明治維新以降から敗戦にいたるまでの融和行政の特徴と問題点もみておく必要がある。

結論的にいうならば、融和行政とは、部落差別の存続理由を被差別部落の当事者責任として、政治的・社会的責任を免責するものであったということである。すなわち、「差別されるのは、ちゃんと仕事もせず、教養もなく、浪費癖があり、無節操で不衛生だからだ」とし、風俗矯正運動を強要し、同情的かつ治安対策的に「地域改善策」を打つというものであった。しかも、為政者に対して従順な人や地区に限定的に施策を施すという恣意的なものであった。

◉伝統的な近代社会政策の一環としての融和行政

この融和行政の姿勢は、部落問題に限らず、当時の社会問題に対する政府の社会政策の基本姿勢であった。それは、二宮金次郎《にのみやきんじろう》の貧困に耐え薪《まき》を背負い本を読む銅像がすべての学校に設置されたことに象徴されるように、「勤勉・節約・克己（自己責任）」という倫理観を至高のものとして国民に強要した。一つひとつの項目は、個々人の生き方にとってなるほど真っ当なものに聞こえる。ただし、それは個々人の置かれている社会的背景や条件を捨象すればのことである。

この倫理観が国家政策・社会政策として具現化するときには、すべての差別や貧困などの社会問題や困難は、勤勉・節約の努力を怠った結果だとして個人の責任に帰せられてきた。国家や行政は「それでも困っている人間には恩恵的・同情的になんらかの施策を施してやる」という治安対策上の思惑から高圧的姿勢によって施策をとってきたのである。それは、社会政策の対象とされた人びとに対して「社会的落伍者《らくごしゃ》」の烙印《らくいん》を押し、「社会の恥」としてその存在を貶《おとし》めるものであった。

その倫理観の根底には、伝統的「家思想」と近代的「優生思想」が、天皇制を支える「貴賤思想」「浄穢思想」との緊密な親和性をもって存在してきたことを看過してはならない。この思想と倫理観が、しっかりと批判・克服されないままに、戦後の「民主社会建設」のかけ声とは裏腹に、国家理念や行政姿勢に色濃く引き継がれてきたことが問題である。

第4章　行政闘争方式の確立と「オール・ロマンス事件」の再考

1　個人的責任から社会的責任追及への糾弾闘争の方針転換

◉社会的黙認状態のもと部落差別事件は頻発

戦後直後の混乱と困難のなかにあっても、部落解放運動は早い段階から再建された。同時に、戦後民主改革をめぐる保革激闘のなかで、部落解放運動が民主勢力のなかで確かな存在をもっていたがゆえに苦難の道を歩まざるをえなかったことをみてきた。それは、とりもなおさず、日本社会がどのように動いてきたのかということと密接に関連しており、その重要問題の所在について「戦後民主改革の様相」と「日本国憲法の制定過程」を荒削りに論述してきた。

日本政府は、戦後直後から「部落問題は解決済み」の姿勢を堅持していたが、それが「意識的な誤り」であったことは現実が雄弁に物語っている。日本国憲法が施行されて以降も、部落差別事件は戦前と同様に頻発していた。

◉第七回全国大会での糾弾闘争の軸足転換＝行政闘争方式の出発

一九五一年一〇月に開催された部落解放全国委員会第七回大会は、その年の八月に「公職追放」が解除されたばかりの松本委員長を迎えての大会であった。前年の大会では、「公職追放」反対闘争と結合させた「国策樹立」方針も決定され、具体的な動きもはじまっていた。

そのような流れのもとで、この大会では「差別者が謝罪すればそれで事件の解決とする」これまでの解決主義的な差別糾弾闘争のあり方を批判し、「差別者が社会的地位にある場合、その社会的責任を明らかにし、糾弾闘争を国民連帯の契機として取り上げ、政治的・社会的に闘うべきである」とする方針を決定した。

差別事件に対する「個人責任」の追及から「社会的責任」の追及へという糾弾闘争の軸足転換であり、それは行政闘争方式の出発でもあった。

2 戦後の三大差別事件

この方針転換を受けるかたちで、戦後部落解放運動の新たな闘い方としての「行政闘争方式」

を確立していく契機となる三つの大きな差別事件が発生した。京都での「オール・ロマンス差別事件」、和歌山での「西川《にしかわ》県議差別発言事件」、広島での「吉和《よしわ》中学校差別事件」である。「個人責任」から「社会的責任」の追及へという方針転換にもとづく糾弾闘争が、これらの差別事件を通じて実践化されていった。事件の詳細は、さまざまな書物ですでに多くが語られているので、ここでは細かく立ち入らず、歴史的意義を中心に論述する。

小説「特殊部落」（雑誌『オール・ロマンス』1951年10月号）

◉オール・ロマンス差別事件糾弾闘争

オール・ロマンス差別事件糾弾闘争は、朝鮮戦争が勃発している時期に闘われた。一九五一年一一月に部落解放委員会京都府連合会によって「糾弾要綱」が発表された。雑誌『オール・ロマンス』に掲載された差別小説の作者である杉山清次は九条保健所に勤務する京都市職員であり、「聞きかじりのまま小説として何気なく書いた」と弁明し、当時の京都市長は「職員の中に、こういう差別行為をする人間がいるのはけしからぬ。……差別する者の気持はわからない」と釈明した。

糾弾要綱は、この市長の姿勢を、「差別行為を個人の責任に限定して責任転嫁するものである」と指弾し、「差別観念とは、まさに差別される実態の、すなわちその存在の反映に過ぎない」として、部落の差別実態を放置してきた京都市の行政責任を追及し、具体的な二十数項目に及ぶ行政施策の改善を求めたのである。

「差別意識は差別実態の反映」とする実態反映論として差別認識の理論を深化させ、差別実態を放置しているのは差別行政であるとして、「差別行政糾弾闘争」の論理を確立させた。その意味では、部落解放運動における「行政闘争」とは、厳密にいうと「差別行政糾弾闘争」である。この闘い方が、全国的に共有され、行政闘争を活発化させていく画期となった。ただし、部落解放運動内において長いあいだ定着してきたこの評価に関しては、後述するように再検証が必要であり、行政闘争の今日的な意義の再検討が求められている。

◉西川県議差別発言糾弾闘争

一九五二年二月に和歌山県で起こった西川県議差別発言事件に対する糾弾闘争は、この行政闘争の経験を活《い》かした典型的な闘いであった。その闘い方は、規模と形態において京都オール・ロマンス糾弾闘争を大きく凌《しの》ぐものであった。

部落出身の松本議員に対する対抗心から「あいつらみんな水平社と一本になっている。エッタボウシとぐるになりやがって……」と差別発言をしながらも居直りつづける西川県議に対して、各界からなる「西川議員糾弾県共同闘争委員会」が組織され、全県下に及ぶ広範な糾弾闘争が三カ月にわたって展開された。

西川県議差別発言に抗議する総決起集会
（1952年４月21日、和歌山県庁前）

西川県議が県議会や各界からの議員辞職勧告をかたくなに拒否したため、松本議員は議場でハンストをおこない、四月二五日・二六日には大がかりな同盟休校（二六日には県下五五校・一万四〇〇〇人に拡大）に突入した。特筆すべきは、全県下の朝鮮人児童も加わったことである。

この段階で、県行政側も西川県議の差別発言を生み出した背景に県行政の差別性があったことを認め、県議会は西川議員追放を全会一致で決議した。この時点で、同盟休校は解除され、西川議員は五月五日に辞表を提出したのである。

部落差別に対する糾弾闘争が、まさに「国民連帯」をめざして広範な共同闘争として闘われ、差別発言をした西川県議の個人的責任のみならず行政責任を追及する闘いとして取り組まれたことの意義は大きい。ただ、辞職直後の補欠選挙で西川県議は当選し、糾弾闘争が勝利したあとの六月末から七月初旬にかけて大阪府警の応援を得た和歌山県警によって、闘争に指導的役割を果たした人たちが不当にも大量検挙されるという弾圧もあり、戦前の高松差別裁判糾弾闘争を想起させるものであったことも忘れてはならない。

◉吉和中学校差別事件糾弾闘争

西川県議差別発言糾弾闘争直後の一九五二年六月に広島県で吉和中学校差別事件が発生した。これに対する糾弾闘争は、糾弾闘争の目的が何であるかを明確にした重要なものであった。

吉和中学校の教師が、歴史の授業で江戸時代の身分制度を取り上げ、「新平民というものが明治憲法で言われたが、新憲法でなくなったものである」と説明し、現状説明では、指を四本出して見せ、「ヨツとかエタとか世間で今も言われている。これらは方々に流れ込んで今でも結婚できない」と言い、黒板にエタと書いて、「知っている者は手を挙げよ」と言った。クラス四〇人の生徒が一斉に、一人の部落出身の生徒を凝視したという差別事件である。

部落解放委員会広島県連合会は、中央本部の応援のもと、ただちに事実確認に入り、この事件は一教師の問題ではなく、当該校長の指導力欠如が事態を混乱させたこと、もっと重要なことは広島県教委が部落問題を無視し、同和教育について何らの指導方針をもっていなかったことであると追及し、さらにこの一〜二年間で数十件を超える差別事件が学校で頻発している責任を問い、一九項目の教育改革の要求書を突き付けた。この糾弾闘争で、広島県教委は同和教育の手引を作成し、広島県教組も同和教育に目覚めたのである。

さらに重要なことは、糾弾闘争の過程で、差別授業をおこなった教師と校長の罷免をもって事態の収拾をはかろうとした県教委の姿勢を断固として批判し、糾弾の目的は「差別者の自己変革をかちと」るところにあり、差別者が「自ら同和教育の推進に努力することこそが、差別に対する真の責任の取り方である」との姿勢を貫いたことである。この糾弾闘争後、差別授業をおこなった教師は、熱心な同和教育運動の実践者となった。

「差別を憎んで人を憎まず」という糾弾の目的を鮮明に実践したこの糾弾闘争は、多くの人に感銘を与え、「糾弾」の必要性に対する理解と共感を深めた取り組みであった。

戦後の部落解放運動は、この三大差別事件に対する糾弾闘争を通じて、行政闘争方式を確立していった。すなわち、「差別事件をテコにして行政闘争に転化せよ」という活動スタイルの確立であった。

3　オール・ロマンス事件・闘争の再考

◉オール・ロマンス事件と闘争の評価に対する異議申し立て

オール・ロマンス差別事件に対する糾弾闘争が、その後、行政闘争方式を全国化する画期になったことは間違いのない事実である。しかし、一九九〇年代にこのことにかかわって異議申し立てがなされた。この論議の経過については、大阪人権博物館が発行した『「オール・ロマンス事件」再考』（二〇〇二年）の冊子に収録されている。オール・ロマンス事件のとらえ方と闘い方に関しては、今日段階では再考を要するものである。

◉杉山の小説「特殊部落」は部落差別と民族差別の複合的差別事件

『オール・ロマンス』誌に掲載された杉山の小説「特殊部落」は、一九八〇年代末の『京都の部落史』第九巻資料補編（一九八七年）で原資料が全文公開されたのを皮切りに、九〇年代半ばまでに次々と公表され、小説の全貌が明らかになってきた。

それまでは、部落解放委員会京都府連が作成した「糾弾要綱」によって、小説「特殊部落」は、東七条の被差別部落を舞台にして、部落＝劣悪な生活環境＝悪の温床として描かれた悪質な部落差別小説であると理解されてきていた。しかし、原小説は、タイトルは「特殊部落」であり、舞台は東七条部落であるが、主要な登場人物と生活実態は在日コリアンの姿が中心であり、内容的には部落差別、在日コリアン差別、さらには女性差別をも内在させた複合的差別小説であった。それにもかかわらず、糾弾闘争は、部落差別だけに特化して糾弾闘争を展開し、行政闘争方式を組み立てあげたのである。

このことに対して、金静美（近現代史研究者）が異議申し立てをおこなった。「「オールロマンス闘争」の根本問題は、朝鮮戦争のさなかに部落解放全国委員会京都府連合会が、小説「特殊部落」における朝鮮人差別を意図的に隠蔽し、在日朝鮮人を排除し、じぶんたち日本人のみの生活の向上と幸福を追求したことである。「オールロマンス闘争」は、在日朝鮮人を差別する内容の「闘争」であった」（『「オール・ロマンス事件」再考』）として、七項目にわたって批判・問いかけの要点を示した。その論旨には、極論的な勇み足の部分もあるが、傾聴に値する部分も大いにあり、真正面から向き合わなければならないと考える。

また、前川修（兵庫部落解放研究所）は、「「オールロマンス行政闘争」を説明するときに不可欠であった京都市行政の各部局担当者を集め、地図を用いておこなわれたとされる交渉は史料的な根拠のない伝説」であったことを示した。そして、「「特殊部落」を執筆した当時、東七条には小説「特殊部落」に描写されたような朝鮮人の集住地域は存在しなかった」とし、「杉山は職域である朝鮮人が集住する東九条で見聞きして得た知識をベースに、隣接する被差別部落である東七条でおこる出来事も加えながら架空の空間である「特殊部落」を創作した」と、当時の背景分析をおこない、事件と闘争の実像を提示している。

これらの討論を集約し、大阪人権博物館は、「部落の経済的低位性に部落差別の実態を収斂《しゅうれん》させ、行政闘争へと直結させる運動論が、そのまま投影された部落問題認識が、まさしく厳しい批判にさらされている」との見解を提起した。

◉行政闘争と同和行政のあり方に対する重要な問題提起

これらの議論に便乗して、今日では「小説「特殊部落」自体は差別ではない。差別でないものを差別に仕立て上げて取り組まれたのがオール・ロマンス闘争である。杉山の名誉回復をすべきだ」という意見を言う人たちまでも出てきている。だが、やはり、小説「特殊部落」は、題名からして問題であり、架空の空間である「特殊部落」を創作したものであっても、被差別部落や在日コリアン、女性に対する偏見を助長する複合的差別にもとづく差別小説であることには疑う余地はない。

問題は、「何故、民族差別などを除外」して糾弾要綱が作成され、差別行政糾弾闘争がおこなわれたのかということである。「在日朝鮮人の京都の組織に、口頭で共闘を申し入れたが、口頭で丁重に断られた」（土方鉄『差別とたたかう文化』二〇〇一年）という話もあるが、いまとなっては史料的に確かめる術がない。

いずれにしても、部落差別だけに特化して、民族差別や女性差別の問題を欠落させた「糾弾要綱」は、その運動的な質と姿勢が厳しく問い直されなければならない。オール・ロマンス糾弾闘争が、戦後の部落解放運動の基本形態である行政闘争方式の論理を確立したといわれてきたがゆえに、「問い直し」の検証作業は不可欠である。

オール・ロマンス糾弾闘争は、部落解放運動の質的な欠陥を内在させていたのか。それとも、当時の政治・社会情勢のもとでの戦術的選択であったのか。朝鮮戦争のもとで、在日民族団体は自らの民族差別に対する主体的な取り組みは可能であったのか。これらのことが事実に即して検証されなければならない。

結果として、部落差別だけに特化して、その実態を改善するという取り組みが、その後のマイノリティ間の共闘の輪を狭め、同和行政における「属地属人」や「地区指定」という限定主義的な取り組みの枠組みを突破できなかったのではないか。検証すべき課題は山積している。

第5章　糾弾闘争・行政闘争の今日的な意義と社会的責任論

本章は、これまでの歴史的経緯をふまえながら、現在においても部落解放運動の基本的な活動スタイルである「差別糾弾闘争」と「行政闘争」にかかわって、今日的な意義と課題を再確認しておきたい。とりわけ、今日の「第三期部落解放運動」の共同闘争主導時代につながる「社会的責任の追及とは何か」について論述しておきたい。

1　差別糾弾闘争の論理と今日的意義

◉公開制・社会性・説得性が糾弾闘争の進め方の基本

戦後部落解放運動は、水平社運動以来の基本形態である部落差別糾弾闘争を戦後においても数え切れないほど展開してきた。とりわけ、一九七〇年代には、糾弾闘争をめぐって裁判闘争も絡んで、司法判断も示されてきた。「小松島《こまつしま》差別不当弾圧に関する徳島地裁判決」（一九七二年）、

「矢田《やた》教育差別事件に関する大阪地裁判決」（一九七五年）、「八鹿《ようか》高校差別教育事件に関する大阪高裁判決」（一九八八年）などである。糾弾闘争は、多くの成果も残したが、欠陥を露呈した事例も存在する。

これらの糾弾闘争の経過をふまえて、現在における差別糾弾闘争の進め方の基本は、「公開制」（公開の場での実施）・「社会性」（社会的に認知されるやり方）・「説得性」（差別の双方悲劇性の理解）にもとづき、糾弾闘争がおこなわれている。

その進め方の手順は、まず差別があったのかどうかの「事実確認会の実施」、次に差別の所在と背景分析をもとに問題解決の方向性を提示する「糾弾要綱の作成」、そして関係者や第三者が集まっての「糾弾会の実施」である。

◉糾弾闘争の今日的な四つの意義

今日的な差別糾弾闘争の意義は、次の四点を確認する必要があると思う。第一に、差別糾弾は、被差別当事者の尊厳と生存権を奪還する取り組みだということである。第二に、差別糾弾は、差別・被差別の関係を乗り越え共感・共鳴をつくりだす取り組みだということである。第三に、差別糾弾は、民主主義の根源を守り発展させる取り組みだということである。第四に、差別糾弾は、社会意識・社会構造の民主的改革を促進する取り組みだということである（詳細は、拙著『冬枯れの光景』解放出版社、二〇一七年、を参照していただきたい)。

◉差別事件には「不寛容」、人間には「寛容」

差別糾弾闘争は、以上のような意味と意義を今日においても有している。したがって、差別事件の性格をしっかりと見極めて、画一的な取り組みではなく、有効で多様な形態を真剣に考慮しながら糾弾闘争をおこなうことが肝心である。

「差別を憎んで、人を憎まず」の基本を堅持し、差別をした人間に対する「赦《ゆる》し」と「寛容」で臨むことである。この実践は、現実には困難をともなうことも事実である。差別に対する抑えがたい怒りが存在するもとで、冷静に「差別をした人」に対峙《たいじ》することは、至難の業ではあるが、この理念にもとづいた実践を敢行しなければ、糾弾闘争は本来の意味を失い、社会性を勝ち取ることはできない。

同時に、いかなる差別も決して見過ごしてはならない。現実の具体的な差別に対する取り組みをおろそかにすることは、部落解放運動の自殺行為である。とりわけ、「社会的に影響力をもつ差別事件」は、相手がだれであろうとしっかりとした取り組みをおこなわなければ、差別を助長する結果になることを肝に銘じておく必要がある。

2　行政闘争の論理と今日的意義

◉憲法理念の具現化を求めた行政闘争の進展

部落差別存続の根拠を「当事者責任」に求めた戦前の融和行政のあり方を批判し、「社会的責任」を追及した部落解放運動は、部落差別撤廃にむけた行政闘争方式を生み出した。

行政闘争の正式な呼称は、前述したように、「差別行政糾弾（反対）闘争」である。その内実は、生活擁護闘争と差別糾弾闘争の結合にもとづく「解放行政要求闘争」であり、戦後部落解放運動における基本戦術である。

部落解放同盟第一二回全国大会（一九五七年）では、「行政闘争は、部落の生活そのものが差別を受けている姿であり、この劣悪な生活実態が一般市民の差別意識を助長しているという観点から、闘いの鉾先《ほこさき》を、部落解放のための具体的政策を意識的に放棄し差別を温存させ、逆に拡大再生産させている政府・地方自治体に向けた、差別糾弾闘争と生活擁護闘争を結合させたもの」との認識を示している。

新憲法制定を機に、第一四条（非差別・平等条項）を中心に第三章の基本的人権条項の具体化を求めるかたちではじまった「部落解放国策要請運動」（一九五〇年）は、幾多の差別事件糾弾闘争

国策樹立を求める部落解放要求貫徹請願大行進が1961年9月～10月に実施された。西日本隊は福岡－東京を徒歩で行進。総隊長は上杉佐一郎＝故仁保芳男撮影

を経て、具体的な差別実態・事件の背景分析を深めながら、部落差別の実態に立脚したうえで憲法的理念を現実の課題にひき寄せて具現化しようとする「行政闘争」方式を確立したのである。

この方式と考え方を武器に、部落解放運動は、行政闘争を各地で激化させ、やがては「同対審答申」を引き出し、一九七〇年代からは同和行政・教育を全国化させ、「怒濤《どとう》の進撃」をしていくことになる。

◉行政闘争の積極的意義と克服すべき課題

行政闘争の積極的意義の第一は、差別糾弾闘争と生活権擁護闘争を結合させることによって、部落解放運動を日常闘争化させることに成功したことである。すなわち、被差別部落の低位劣悪な生活環境実態こそが部落差別の反映であるとの認識のもとに、その実態を放置してきた行政責任を追及するというかたちで、日常的な生活環境改善の要求闘争をおこなうようになった。これは、従来の差別事件待ち闘争的な側面があった部落解放運動のあり方を大きく変えるものであった。

第二の意義は、行政闘争が、部落問題克服が行政責任であり国民的課題であるとする「同対審答申」を引き出したことである。これは、マイノリティ政策を「当事者責任」から「社会的責任」へと認識させ直す画期であった。とりわけ、マイノリティ問題に対する「行政責任」を定着させたことの意味は大きく、他のマイノリティ諸団体の闘いを勇気づけた。

第三の意義は、行政闘争が、従来の日本の行政の特徴であった縦割り行政の弊害を突破し、各局部署の横断的な総合行政の機構をつくりだしたことである。そこから展開されるさまざまな政策は、それ以降の女性差別、障害者差別、民族差別、ホームレスなどの貧困者差別等々の社会問題を解決していくうえでの社会政策のモデルケースとなった。

第四の意義は、部落解放運動の独自形態として進められてきた行政闘争が、実は「民」と「官」をつなぐ社会変革への官民協働の場として存在してきたことである。この経験は、これからのあらゆる分野における社会運動の先駆的なやり方として、広く共有される必要がある。そのためには、行政闘争のやり方をさらに洗練しながら、運動論的も理論的にも普遍的な方向づけをしていく作業が重要になってくる。

部落解放運動における行政闘争の果たした意義と役割は、列挙に暇《いとま》がないが、大きくいって以上のようなことであろう。しかし、同時に不十分点や課題も多々存在していた。その個別の事案は、これからの部落解放運動史の検証のなかで明らかにして、今後の取り組みにつなげていきたいと思う。ここでは、差別糾弾闘争や行政闘争が当初から重視していた「社会的責任の追及」ということにかかわって、論考を進めておきたい。

3 「社会的責任の追及」にかかわる論点整理

◉社会的責任とは何か＝「社会に対する責任」と「社会としての責任」の両義

糾弾闘争と行政闘争にかかわって、個人的責任から社会的責任の追及へと軸足を移動させたと述べてきたが、「社会的責任」とはいったい何であろうか。その際、「社会に対する責任」と「社会としての責任」という両義の側面をみておく必要があると思う。

そこで、まず「社会とは何か」ということからみておきたい。社会とは、「人々の関係の総体」「諸集団の総和から成る包括的複合体」（広辞苑《こうじえん》）であるとされる。「社会的責任」とは、この概念を前提にして考えられなければならない。

そうすると、「社会に対する責任」とは、個人や諸集団が社会の構成員として、「総体」「包括複合体」である社会を支えるために負うべき責任と任務といえる。それは、ケネディ米大統領の有名な演説である「国があなたのために何をしてくれるのかを問うのではなく、あなたが国のために何を成すことができるのかを問うてほしい」（一九六一年一月、大統領就任演説）という趣旨に通じるものである。

ただ、国をも含む「社会」という言葉をケネディ大統領が使っていたら、もっと評価される演説になっていたのではないかと思われる。「国」と言われると、「身捨つるほどの祖国はありや」(寺山修司)という思いに駆られる。

同時に、「社会としての責任」とは、「総体」「包括的複合体」である社会がその構成員である個人や諸集団に対して負うべき権利保障の義務である。その場合、留意しなければならないのは、世界人権宣言第二九条にうたわれている「すべて人は、その人格の自由かつ完全な発展がその中にあってのみ可能である社会に対して義務を負う」という点である。

これは抵抗権にもつながる条項であり、社会が「すべての人にその人格の自由かつ完全な発展を可能にさせる義務」を負っているのであり、それが可能になっていない社会の場合には、可能にするように求めることができる「抵抗する権利」「異議申し立ての権利」をすべての人が有していることを含意しているのである。

いずれにしても、社会的責任を言う場合は、「社会に対する責任」と「社会としての責任」の両義の側面から整理して語る必要がある。

◉社会的責任と行政的責任の違い

部落解放運動は、差別に対する糾弾闘争と行政闘争を両輪とした取り組みを通して、差別存続の「社会的責任」を問いつづけてきた。それは、「社会としての責任」であった。自由で平等であるべき社会が、そうなっていない現実に対して「異議申し立て」をおこない、自由で平等な社会にすべき「社会としての責任」を問うているのである。それは、社会を構成するすべての個人・民間諸団体・法人団体・中央政府と地方自治体の行政団体、さらには各種中間支援団体・当事者団体をも含めて差別を存続させていることに対して責任を問うということである。

同時にそのことは、社会の構成員すべてに対して、それぞれが自由と平等を実現するために「社会に対する責任」を果たすことを求めているのである。部落解放運動における「自主解放」の思想は、ここに属する。

部落解放運動は、糾弾闘争・行政闘争において、「社会的責任の追及」を重視したが、それは主に「行政責任の追及」であった。ある意味、これは初期段階においては正当であり当然の取り組みであった。なぜなら、部落差別克服への第一義的な責任を負うべきは、歴史的にも社会的にも国や地方行政に存在するからである。自由と平等を実現する憲法的義務を国や地方自治体は課せられており、これを放置することは許されないのである。これは揺らぐことのない原則である。

しかし、「行政責任の追及」だけで、部落差別が克服され自由と平等な社会をつくることは不可能である。別言すれば、「社会的責任」を「行政責任」だけに限定してよいのか、さらには公的責任＝行政責任という図式の理解でよいのかということである。

◉「自助・共助・官助・公助」概念の確立

二一世紀になると、「自助・共助・公助」や「新たな公」というキーワードが登場してきた。地域共生社会を実現するために、社会を構成する個々人や地域共同体・各種団体、行政組織などがそれぞれの責任と役割を果たそうという提案である。社会構成員がそれぞれの責任と役割を果たすという仕組みづくりに、部落解放運動もおおむね賛同してきた。

しかし、よく考えてみると、「公助」の「公」とは何かという社会的合意が未成熟であり、曖昧である。ともすれば、「行政（官）＝公」と多くの人が認識している。これは、誤認である。

民主主義的な意味での「公」とは、参加と自治を基軸とする「民」主導の取り組みを「官」が支援するかたち（社会的協働）で社会の全体利益（社会的富）を共有・管理するための「場」であり、それを民官協働でつくりだしていく「仕組み（システム）」であると理解すべきである。決して、行政は、「公」ではなく、「公」の業務を委任された実務機構なのである。

そうであるならば、「自助・共助・公助」という概念では、「公助」ということで行政責任が曖味化され、「公」のなかに「官」を紛れ込ませる論理になる危険性がある。

その意味では、明確に「自助・共助・官助・公助」というかたちで、社会構成員のそれぞれの責任と役割を明確にする必要がある。大北規句雄が「「公的責任」とは、「社会的コンセンサスを創るための相互責任」であり、「行政責任」はそのコンセンサス創造をなしうるための中心的役割としての財政的基盤整備とその結果責任をいうのである」(『隣保館』解放出版社、二〇一二年)との提起に通底するものである。公的責任とは、社会的責任であると言い換えてもよい。

このように考えると、部落解放運動が提起してきた部落差別撤廃にむけた「社会的責任の追及」とは、「行政責任の追及」にのみ収斂されるものではなく、自らの当事者団体も含め、個々人や諸団体、行政組織の「社会に対する責任」をも問いつつ、「社会としての責任」を確立していく取り組みを求めるものにならざるをえないのである。

社会的責任を行政責任に限定化してきた罪は、マイノリティ政策に付随しやすい「行政依存」や「逆差別」などの悪弊を生み出し、「自分の権利ばかり主張して責任を果たしていない」とか「特権的な既得権にしがみつく守旧集団」とかの論難を受け、ひいては「社会的分裂の遠因」をつくりだすことにもなりかねないものであったことを真摯に受けとめておく必要がある。

第6章　国策樹立運動の本格化と同対審設置法の制定

戦後の部落解放運動の再建、および混乱期の日本社会政策の展開との関係における問題点をこれまで述べてきたが、このあたりで、もう一度、時系列的な運動史に戻すことにしよう。

1　再軍備化へのサンフランシスコ体制の始動

◉日本国憲法制定は反動化への分岐点

一九四五年、ポツダム宣言受諾による敗戦という焼土のなかから、GHQ（連合国軍総司令部）の占領下で日本の戦後民主改革は進められ、紆余曲折を経ながらも、おおむね平和的・民主的な「日本国憲法」（一九四六年一一月公布・翌年五月施行）が成立した。しかし、日本国憲法の公布から三カ月後には官公庁労働組合の「二・一ゼネスト」に対して禁止命令が出され、GHQと日本保守勢力は露骨に民主化に急ブレーキをかけはじめた。その意味では、日本国憲法の制定は、戦後日本民主主義の精華であると同時に、民主化闘争抑圧への反動的ターニングポイントでもあった。

この反動化を決定づけたのが、朝鮮戦争（一九五〇年～一九五三年）とサンフランシスコ講和条約・日米安保条約（一九五一年）であった。反共主義を旗印とする対米従属的軍事同盟とアメリカの核の傘のもとでの高度経済成長路線の方向を日本の保守政権は選択した。不戦憲法はわずか二年で、自衛権の名のもとに「九条解釈」がなされ、朝鮮戦争開戦と同時に警察予備隊が創設され、保安隊から自衛隊へと続く再軍備の道が整えられた。

◉注目すべき西光万吉の「和栄政策」

この時期に松本委員長の公職追放解除を勝ち取って開催された部落解放第七回全国大会（一九五一年一〇月）は、講和条約・日米安保条約が日本を再軍備化に引き込むものとして反対するとともに、行政闘争強化の方針を打ち出した。大会直後の京都オール・ロマンス差別事件、和歌山の西川県議差別発言事件、広島吉和中学校差別事件の糾弾闘争において、行政闘争の具体化を実践に移した。この行政闘争方式が、その後の部落解放運動の基本戦術となったことは周知のとおりである。

同時に、この時期に、西光万吉《さいこうまんきち》が「和栄政策」を提唱していた事実も見落としてはならない。

西光万吉は、水平社創立宣言起草者であり、荊冠旗起案者であり、水平社運動の指導者であったことはよく知られている。しかし、一九二八年の政府による共産党大弾圧策の「三・一五事件」で検挙され、獄中転向をした。一九三三年に仮釈放されてからは、天皇主義・日本主義運動に転じ、大日本国家社会党に入党し、農民運動・労働運動に身を投じた。戦後は、自らの戦争協力の姿勢を深く反省し、ピストル自殺をはかろうとしたが未遂に終わった。西光は、自らの政治姿勢や戦争責任と正面から向き合い、長いあいだ「沈黙」のなかで苦悶《くもん》と苦闘を続けた。その沈黙を破ったのが、非暴力・非武装を軸とする「和栄政策」の提唱である。朝鮮戦争が勃発し、単独対日講和条約と日米安保条約によって再軍備化しようとする日本の動向に対して敢然と立ち上がったのである。立て続けに熟考された対案提起をおこなっている。

部落解放同盟第12回全国大会（1957年12月5～6日、大阪）で、奈良県連・和歌山県連提出の「和栄政策の確立要請に関する件」を提案する西光万吉＝故仁保芳男撮影

「平和省創設の要請に関する件」（一九五〇年一二月二八日、社会党第七回大会）、「祖国日本と世界の危機に際して親愛なる部落同胞に訴える」

（一九五一年一月一〇日「解放新聞」掲載）、「不戦日本の自衛について」（リーフレット刊行／和栄政策の基本文書）がそれである。その内容は、今日的な平和政策や産業政策としてもみるべきものがあり、インド独立運動の指導者であるガンディーやアメリカ公民権運動の指導者キング牧師の非暴力抵抗運動とも通底する深い思索と慧眼《けいがん》がみられる。紙面の関係で、詳述することができないのが残念であるが、加藤昌彦著『水平社宣言起草者西光万吉の戦後―非暴力政策を掲げつづけて』（明石書店、二〇〇七年）を読んでいただきたい。

西光万吉は、一九七〇年三月二〇日に逝去（七四歳）するまで、この「和栄政策」を訴えつづけたのである。戦後政治と部落解放運動のなかで、顧みられることのなかった西光万吉の存在自身と「和栄政策」を再評価すべき時期にきているのではないかと思う。

2　部落解放同盟への改称と大衆運動路線

◉サンフランシスコ体制下での民主主義闘争の強力な一翼

東西冷戦の激化と核戦争の脅威が増大するもとで、日本はサンフランシスコ体制下での日米軍事同盟強化と高度経済成長路線をひた走った。日本経済の「神風」といわれた朝鮮戦争による軍需景気は、戦争勃発の翌年には鉱工業生産指数において戦前の最高水準を突破（一二一％）し、軽工業から重化学工業への産業構造の転換がはかられ、大企業と中小企業の格差が急激に拡大し、独占資本の支配力は強化され、労働条件は悪化した。この事態に対抗して、護憲運動や平和運動、賃上げと労働条件改善を求める労働運動など民主陣営も奮闘を続けた。部落解放運動もその一翼を積極的に担った。

◉地域における行政闘争の拡大と「世界の水平運動」「世界の平和運動」推進

一九五一年一〇月に開催された部落解放第七回全国大会で打ち出された「行政闘争」の方針のもとに、差別糾弾闘争と生活権擁護闘争を結合させた闘いは、それぞれの地方自治体において着実に成果をあげ、徐々に部落解放運動を日常闘争化させ、裾野を拡大させつつあった。あわせて、松本委員長は、一九五〇年代に「世界の水平運動」と「世界の平和運動」をめざして、アジアを中心に数多くの世界各国を駆け巡る国際活動をおこなった。六五歳を超えてからの驚嘆に値する精力的な行動力であった。

◉大衆運動化をめざし「部落解放同盟」に改称

この状況をふまえて、一九五五年八月に開催した「第一〇回全国大会」で、「部落解放全国委員会」は、「部落解放同盟」に改称した。その理由は、部落解放委員会が機関主義・少数精鋭主義的な運動に陥ったことを反省し、「名実共に部落大衆を動員し、組織し得る大衆団体としての性格を明らかにし、そして真に全部落民団結の統一体として、解放闘争を飛躍的に拡大発展」させるためであった。これが、今日まで続いてきている「部落解放同盟」である。振り返ると、部落解放運動の一〇〇年近い歴史は、全国水平社時代二〇年、部落解放全国委員会時代一〇年、部落解放同盟時代六五年超ということになる。

今日段階では、部落解放同盟が「真に全部落民団結の統一体」として機能してきたかが問われなければならない。その後、「全日本同和会」(一九六〇年、自民党系)、「全国部落解放運動連合会」(一九七六年、日本共産党系)へと分裂し、さらに地域的事情も含め四分五裂の歴史を刻んでしまったことへの真摯な検証が求められるであろう。

3 国策樹立運動の本格的始動と推進原動力

◉国策樹立運動の論理

地方自治体での行政闘争の活性化は、一九五〇年から松本委員長の公職追放取り消し運動と結合され方針化されていた「部落解放国策要請」の闘いを具体化させはじめ、本格的な国策樹立運動へと発展していった。部落差別の問題が放置されつづけ、低位劣悪な生活実態に置かれていることに対して、憲法第一四条（非差別・平等権）と第二五条（社会保障権）を論拠の中心にして、部落問題解決への政府責任と改善策を問うたのである。

一九五五年に部落解放同盟と改称し、大衆運動化をめざした取り組みは、労働運動・農民運動・平和運動などとも結合し積極的に共同闘争の輪を広げ、部落内においてもはじめて全国婦人集会（一九五六年、京都）や全国青年集会（一九五七年、香川小豆島）を開催するまでに影響力を拡大した。一九五七年には、共産党と社会党が相次いで「部落問題解決政策」を公表した。

◉部落解放国策樹立運動の本格的始動

これらの取り組みを背景に、一九五八年に「部落解放国策樹立要請全国代表者会議」（一月二四日、東京四谷「主婦会館」）を開催し、部落解放要求国民運動を発足させた。この会議には、自民党政務調査会長であった三木武夫《みきたけお》（のちに首相）も出席し、「部落差別を残すことは国民の恥だ。自民党も力を合わせて部落問題の解決にとりくむ」と決意を表明した。自民党は、この年の一〇月に党内に「同和問題議員懇談会」（約一〇〇人）を発足させ、続いて岸信介《きしのぶすけ》首相を議長とする「同和対策閣僚懇談会」が設置され、翌年三月に政務調査会に「同和対策特別委員会」（堀木鎌三委員長）を設置して、政府与党が重い腰をやっとあげはじめた。

このような動きをつくりだすには、広範な部落解放国策樹立運動が大きな力であったが、国会内で、岸首相の部落問題解決への姿勢を追及しつづけた奈良県選出の社会党代議士であり、部落解放同盟の中央執行委員でもあった八木一男《やぎかずお》の寝食を忘れた奮闘があったことを忘れてはならない。

◉国策樹立運動における「二つの障壁」

こうして、部落解放国策樹立運動は本格化していったが、この運動に立ちはだかる二大障壁が存在した。ひとつは、「部落問題は解決済み」との政府姿勢であり、もうひとつは「寝た子を起こすな」という根強い考え方の存在であった。前者は、一九四六年三月の「同和事業に関する件」という厚生省通達の影響である。後者は、日本社会全体に深く染みこんだ考え方であり、多くの被差別部落当事者の人たちをもとらえていたものである。この考え方は今日においても潜在的にある厄介な代物である。思うに、「寝た子」を正しく起こす条件は、「部落差別が現存するという具体的で正確な現状認識」にもとづき、「部落差別の存在根拠を明確に解析」し、「部落問題解決への確かな展望」を示し、「部落差別を被ったときに安心できる相談体制と支える仲間の存在」が必要である。

ルポルタージュ「部落を解放せよ」
（『週刊朝日』1957年9月29日号）

連載「部落・三百万人の訴え」
（「朝日新聞」1956年12月1日～7日）

◉障壁を乗り越える「四つの推進力」

部落解放国策樹立運動は、このような大きな「二つの障壁」に直面したが、この障壁を乗り越え政治を動かしていく「四つの推進力」も存在していた。第一は、部落解放運動という当事者運動である。第二は、部落差別の悲惨な現実に直面し、何とか解決したいと腐心していた地方行政の良心・良識ある人たちの力である。これは全日本同和対策協議会（全同対、一九五一年結成）という組織に結集されていた。第三は、「きょうも机にあの子がいない」と部落の子どもたちの長欠・不就学の実態を改善しようと奮闘していた現場教師の力であり、全国同和教育研究協議会（全同教、一九五三年結成）の存在である。第四は、世論を動かしたマスメディアの力である。「朝日新聞」連載の「部落 三百万人の訴え」（一九五六年一二月）、『週刊朝日』特集の「部落を解放せよ」（一九五七年九月）、NHK特番の「日本の素顔—部落」（一九五八年四月二七日）などである。ちなみに、住井《すみい》すゑの小説「橋のない川」が雑誌『部落』に一九五九年一月から連載を開始し、翌年三月には亀井文夫《かめいふみお》監督の記録映画「人間みな兄弟―部落差別の記録」が完成・上映されている。これらの推進力が、着実に「部落問題は解決済み」とする政府の姿勢を崩しつつあった。

1959年から1960年にかけて展開された安保条約反対の全国統一行動に参加した部落解放同盟大阪府連合会のデモ隊＝故住田利雄撮影

4　六〇年安保闘争と「同対審」設置法

◉日本を揺り動かした三井三池炭鉱闘争と安保改定反対闘争

まさに一九五〇年代は、大戦後の世界秩序の再構築のあり方や日本社会の今日につながるあり方を決定する激動の時代であった。政府の一連の再軍備政策や経済政策に対し、民主勢力は、単独対日講和条約・日米安保条約反対、再軍備化反対、破防法反対、勤務評定反対などを強力にくり広げた。部落解放運動はその一翼を積極的に担ってきた。同時に、行政闘争を基本に部落解放国策樹立運動を推し進めた。五〇年代末には、部落問題解決にむけ自民党も動かざるをえない状況をつくりだすことに成功していた。

一九六〇年は、総資本と総労働の対決といわれた三井《みつい》三池《みいけ》炭鉱闘争（一月に炭労が無期限スト突入）、三五日間に及ぶ国会包囲の安保条約改定反対闘争（六月二三日条約批准）という歴史的な大闘争がおこなわれ、政局は大いに揺れ動いたが、結局は政府に押し切られた。

この大闘争が展開されているさなかに、韓国においては李承晩《イスンマン》政権（米傀儡《かいらい》政権）に反対する民主化運動が盛り上がり、政権は倒され李承晩はハワイに亡命した。「四・一九革命」である。しかし、同時期に、平和共存路線をめぐって中ソ対立が表面化し、日本民主陣営にも微妙な影を落としはじめていた。

三池闘争の支援のため大牟田に入る松本治一郎委員長

◉同和対策審議会設置法制定と全日本同和会結成の分断工作

安保問題混乱の責任を取って辞任した岸首相に代わって池田《いけだ》勇人《はやと》内閣が成立（七月一九日）した。政局の混乱が醒《さ》めやらぬ八月一三日に「同和対策審議会設置法」が公布された。

これは、岸首相退陣間際の七月一五日に成立していたが、池田首相に代わってすぐに公布された法律である。同和問題解決のために必要な総合的施策を調査審議するための審議会を設置するという法律であった。しかし、審議会が設置され、初会合が開催されるまでに一年有余の時間を費やした。遅れた理由は、運動団体が分裂しているために審議会委員選考に時間を要したと説明された。

しかしこの分裂は、同対審設置法案を国会提出する直前に、自民党が仕掛けた「全日本同和会」結成（一九六〇年五月一〇日）という分裂工作によって引き起こされたのである。「転んでもただでは起きない」権力の分裂・分断支配の手法であった。

このような策動に対して、和歌山選出の社会党代議士で、部落解放同盟中央書記長であった田《た》中織之進《なかおりのしん》が、第三四回通常国会内閣委（一九六〇年五月一七日）において、政府与党の姿勢を鋭く追及したことは、当然であった。

第7章　教科書無償化闘争の教訓と「同対審」答申の意義と課題

歴史的な大闘争であった一九六〇年六月の安保闘争後に、岸信介内閣に代わって登場した池田勇人内閣は、一〇年間で国民所得を倍増するという「所得倍増」政策をスローガンに掲げ、その年の一一月に実施された総選挙で野党第一党の社会党の二倍を超える議席を獲得し圧勝した。社会党は、その年の一月に民主社会党（民社党）と分裂しており、一〇月一二日には浅沼稲次郎《あさぬまいねじろう》委員長が右翼青年によって刺殺される事件が起こった直後の厳しい選挙であった。

総選挙での圧勝と経済成長に自信を深めた池田内閣は、その後の自民党の長期安定政権と高度経済成長の基盤を築いたといわれる。ある意味では、自民党・政府が力による政治的対決から経済重視政策に軸足を移した政治・経済の流れに対して、社会党をはじめとする野党が時流を読み切れず的確な対抗策を有効に打ち出せず、「反対」という姿勢のみに終始した結果ともいえる。経済政策に疎いというのは、今日まで続く日本の左翼運動・民主運動・社会運動に共通する弱点である。

1 「同対審」答申に先立つ教科書無償化の取り組みと教訓

◉戦後部落解放運動が求めつづけた「非差別平等」と「三つの権利」

今日段階では、人権とは「人間が人間として存在するために譲ることができない諸権利」であり、「その権利の実現をめざす政治システム」が民主主義であり、そこに内在する価値観として「平等」を重視するというのが、人権と民主主義にかかわる理解である。

そして、国際人権規約の社会権的規約にみられるように、「労働する権利」「教育を受ける権利」「社会保障を受ける権利」が重視されている。これらの三つの権利は、日本国憲法第二五条の「健康で文化的な最低限度の生活を営む権利」（生存権）を担保する不可欠の権利である。戦後部落解放運動は、部落差別の撤廃を基本目標に掲げ、非差別平等の原則に立脚し、この「三つの権利」実現のために闘いつづけてきているといっても過言ではない。

◉高知県長浜の「憲法的権利としての教科書無償」運動

その意味で、部落解放運動は戦後一貫して「教育の無償化」を求めつづけたが、一九五〇年代末から京都・大阪・奈良などで部分的に「教科書無償」を実現しはじめていた。とりわけ、一九六一年から三年間にわたって闘われた「高知県長浜《ながはま》の教科書無償運動」は、部落解放運動にとって忘れてはならない貴重な財産であり、部落差別撤廃にむけた法制度のあり方を考えるうえで多くの教訓を提示したものであった。

「きょうも机にあの子がいない」という長欠・不就学の部落の子どもの教育実態を何とか改善しようとの思いから立ち上がったのが、高知県「長浜地区小中学校教科書をタダにする会」（一九六一年三月七日発足）であった。教科書も買えず、学校を長期欠席せざるをえない状況に、異議申し立てをおこなったのである。それは、憲法第二六条の「義務教育は、これを無償とする」条項を根拠に、「ひとしく教育を受ける権利」を求め、義務教育の小中学校の教科書を無償給付にするよう要求した闘いである。

高知県長浜の教科書無償闘争のなかで開かれた「教科書をタダにする要求大会」（1961年3月25日）＝高知新聞社

この闘いの詳細な記録は、『教科書をタダにした闘い――高知県長浜の教科書無償運動』（村越良子・吉田文茂、解放出版社、二〇一七年）に収録されている。現場の切実な思いと真実の声が聞こえてくる貴重な書であり、ぜひとも一読していただきたい。

当時の政府文部省は、「憲法に規定している義務教育無償とは授業料の無償のことであって教科書の無償配布ではない」との基本姿勢であった。その根拠は、教育基本法第四条第二項と学校教育法第六条に明記されているとした。しかし、その根拠は、授業料不徴収の根拠にはなりえても、義務教育無償の範囲を授業料に限定する根拠にならない。

◉広がる教科書無償・不買運動に対する差別的分断策動

部落解放同盟長浜支部を中核として、校区の保護者や教師を巻き込んで大きな広がりをもって厳しい闘いが高知市行政・市教委に対して連日のようにくり広げられた。「タダにする会」の理路整然とした要求と毅然とした追及の前に、行政側は「実施確約」「破約」「妥協案提示」「逃亡」という進退窮まった対応を繰り返した。四月からの新学期では、教科書不買を申し合わせ、教師の寝食を忘れた努力でプリント授業が続いた。

この事態を前にしても、高知市・市教委は、「教科書を買える人は買ってもらい、買えない人には準生活保護枠拡大で無償配布」するとの対応に終始した。すなわち、「憲法的権利としての無償」ではなく「福祉枠での無償」対応をするということである。別言すれば、「普遍的権利保障」ではなく、「限定的・特別対策的な権利保障」ということである。分断策である。案の定、「タダにする会」の運動に反対する「長浜地区正規な教育促進の会」(「促進会」、四月一四日発足)

が保守層を中心に動き出した。「教科書無償要求は、国家コジキのすることで、新平民がすること」だと露骨な差別言動をも弄し、「タダにする会」の分断をはかりながら、全市的な保守反動の力を結集し、運動潰しを行ってきた。

タダの教科書をもらって喜ぶ子どもたち（1961年5月17日、長浜小学校で）＝高知新聞社

◉「福祉枠の拡大」ではなく、あくまでも「憲法的権利」を追求

長浜小・南海中の児童生徒は約二〇〇〇人であり、「教科書無償・不買」運動への賛同署名は一六〇〇人を数え、実に八割の人が支持していた。しかし、市教委の頑迷な対応や分断策動によって、教育現場が混乱するなかで教科書不買を貫いたのは五〇〇人（部落外一〇〇人）に落ち込んできていた。この事態を前にして、「タダにする会」は苦渋の選択を迫られた。教育現場の混乱をいったん収拾させるために、五〇〇人全員に教科書を無償配布することで市教委提案を受け入れ、五月中旬に教科書が配布されたことで、二カ月に及ぶ闘いは一段落した。これは、妥協策ではあったが、大成果でもあった。

しかし、「タダにする会」は、教科書無償運動の旗を降ろすことなく、一九六三年の法律制定まで闘いを継続したのである。ただ、その闘いは、市教組の「福祉枠の拡大」要求という市教委と同一歩調をとる方針転換などによって、大きく戦線は縮小した。実質、長浜支部だけの「孤独な」取り組みになっていった。

だが、一地域からの「憲法的権利としての教科書無償」を求める闘いは、確実に日本社会を揺り動かし、政府の姿勢を変えはじめていた。

◉一九六三年一二月「教科書無償措置法」の成立

一九六一年の長浜支部の教科書無償化運動に直面した池田首相は、その年の暮れの一二月二九日に「一九六三年四月の新入生から教科書無償化を実施」すると表明した。財源的な理由で強硬に反対を主張していた大蔵省を抑え込んでの決断であった。池田首相は、その直前の一二月七日には、初会合を開いた同和対策審議会に対して同和問題の解決にむけた「基本方策」について正式に諮問している。戦後の混乱期を「力の対決」で乗り切ろうとした吉田茂首相の政治路線に代わって、岸首相時代からの「社会開発」「福祉国家」へとシフトチェンジしはじめていた政治路線を継承した池田首相が、高度経済成長への見通しに自信を深めたうえでの政治判断であったと思われる。

一九六二年三月三一日には「義務教育諸学校の教科用図書の無償に関する法律」(「教科書無償の宣言」と「調査会の設置」のみを定めた二条だけの法律)を制定し、一九六三年四月に政令によって小学校新入生のみに教科書無償配布を実施した。

そして、一九六三年一二月二一日に「義務教育諸学校の教科用図書の無償措置に関する法律」が公布・施行され、一九六四年から段階的実施で一九六九年度で完全実施されることとなり、現在にいたっている。

教科書無償を「福祉枠の特別対策」ではなく、部落問題の独自性をふまえたうえでの「憲法的権利である普遍対策」として実現させた高知県長浜支部の闘いの教訓は、今日においても色あせることなく輝きつづける部落解放運動の貴重な財産である。問題は、この教訓がその後の運動にきちんと継承されたかである。

2 「同対審」答申の意義と基本精神

◉「同対審」答申は日本のマイノリティ政策の原典

前述したように、一九六一年一二月七日、第一回同和対策審議会が開催され、池田首相が「同和地区に関する社会的及び経済的諸問題を解決するための基本的方策について貴審議会の意見を求める」と諮問した。以後、同和対策審議会は、総会四二回、部会一二一回、小委員会二一回を重ね、一九六五年八月一一日に、当時の佐藤栄作《さとうえいさく》首相に答申した。

「同対審」答申の基本的性格は、思想的には近代主義＝新しい融和主義であることは間違いない。資本主義が発展していけば部落差別はなくなるとする独占資本の政策理論が根底に置かれている。しかし、同時に、部落解放運動の力に押されてその主張を取り入れざるをえなくなっている部分も多々存在していることも事実である。その意味では、日本におけるマイノリティ問題解決にかかわってはじめて本格的な基本方策を示したものであり、これまでの「部落問題は解決済み」「問題解決は当事者責任」との基本的な考え方を一八〇度転換して、「部落差別は厳存」し、「その解決は国の責務」であり「国民的課題」であるとした。これは日本人権史上において画期的なことであった。

「同対審」答申で示された基本的な考え方と総合対策の実施という施策のあり方は、その後の日本における他のマイノリティ問題解決にも大きな影響を与えていることは特筆に値する。その「同対審」答申が出されてからすでに六〇年近くが経過しており、その個々の内容については時代遅れになったりしている部分もあるが、基本政策・精神においては今日においても意義を失っていない。以下、要点を一〇点にわたって確認しておきたい。

◉「同対審」答申の基本精神（一〇点の積極面）

第一は、部落差別の厳存という事実を認めたこと。第二は、部落問題解決は国の責務であり国民的課題あると明言したこと。第三は、部落問題にかかわる諸偏見を批判したこと。第四は、部落問題は目的意識的な取り組みで解決できるとの認識を示したこと。第五は、部落問題の存続理由を日本社会の構造的欠陥として分析したこと（しかし、構造的欠陥に対する取り組みは皆無であった）。第六は、実態的差別と心理的差別の悪循環という差別実態の認識論を提示したこと（だが、この認識論では不十分であり、差別実態の全体像が把握できないという欠陥があった）。第七は、同和行政の性格を日本国憲法にもとづく行政として明確に定義したこと。第八は、従来の差別行政への言及と今後の同和行政における二つの手法（一般対策手法と特別対策手法）を明示したこと。第九は、同和対策の具体案を「五つの柱」で示し、総合対策とし縦割り行政の弊害を排したこと。五つの柱とは、「環境改善に関する対策」「社会福祉に関する対策」「産業・職業に関する対策」「教育問題に関する対策」「人権問題に関する対策」であったこと。第一〇は、差別に対する法的規制の不十分性と立法措置の必要性を提示したこと、である。

これらの積極面をもちながら、今日においてもそれらが十分に具体化されていない問題もあり、今後も継続した取り組みが求められている。

◉「同対審」答申の基本的な誤認

ただし、既述したところであるが、「同対審」答申の「現在の同和対策とその評価」の項で「太平洋戦争に敗北した日本は、連合軍の占領政策の方針として、同和地区を対象とする特別の行政施策は禁止されたので、政府の同和対策は中断され行政の停滞を余儀なくされた」との記述は完全に誤りである。連合軍が禁止した事実はなく、厚生省通達の「同和事業に関する件」（一九四六年三月）によって、「部落問題は解決済み」とされたのである。

3 「同対審」答申評価論争と第二〇回全国大会での路線転換

◉「同対審」答申の評価をめぐる論争

ここまで、「同対審答申を武器として闘う」立場から、その積極面を論述してきたが、実は「同対審」答申の評価をめぐっては激烈な論争がくり広げられたのである。

論点は、「同対審」答申が闘いの武器になるのかどうかであった。部落解放同盟執行部派は、答申には不十分面もあるが、運動側の意見も随所に反映されており、積極面を武器にすれば闘いに有利になるとした。一方、共産党グループは、答申は独占資本の意図が貫徹しており「毒まんじゅう」だから、評価できないし闘いの武器にすべきではないとした。

部落解放同盟第二〇回全国大会（一九六五年一〇月）は、執行部方針を採択し、その後の現実の闘いの成果によって、「武器にして闘う」有効性を実証し、論争に決着をつけた。

この答申評価論争は、それ自体にとどまることなく、今日につながる部落解放運動論にかかわる重要な論点と深く連動していることに留意しておく必要がある。

◉共産党との熾烈な論争と対立のはじまり

部落解放同盟と日本共産党との歴史的な対立のはじまりを、「同対審」答申評価論争から説明する論述が多々あるが、実はそうではない。その対立は、一九六五年七月に実施された参議院選挙において、前年九月の中央委員会で松本治一郎委員長の推薦を全員一致で決定していたにもかかわらず、共産党グループが党本部の指示により「政党支持の自由」論を執拗に持ち出し、共産党候補（須藤五郎《すどうごろう》）の選挙活動を公然とおこない、組織内での対立が深まっていた。松本委員長はこれが最後の選挙であり、二七位で四期連続当選となった。

部落解放同盟内において共産党の支持者を囲い込もうとする露骨なセクト主義的引き回しが各地でおこなわれはじめていた。全国婦人集会（第九回・第一〇回）や全国青年集会（第九回）は、そのために混乱の事態に陥った。それが、京都府連の組織問題を惹起《じゃっき》し、共産党系の三木・塚本除名処分や京都文化厚生会館問題へとつながっていく。

このような流れのなかで、「同対審」答申評価論争が起こり、これを契機として同盟と共産党の対立が一気に全面化していく。政党による傲慢な前衛党的意識とセクト主義的引き回しが日本の政治・社会運動に不幸な対立をもたらした悲劇である。それは、左右の全体主義的傾向に通底するものとして厳しく批判されなければならない。

◉歴史的な路線転換を決定した第二〇回全国大会

「同対審」答申評価論争は、部落解放同盟第二〇回全国大会での主要な論点ではあったが、もうひとつ重要な論点があった。それは、第一五回大会から第一九回大会までは、共産党路線を色濃く反映した「二つの敵」「民族民主革命」路線が底流にあったが、そこから脱却して、「平和共存」「反独占民主主義」「平和的移行」「平和革命」路線が運動方針基調の底流に据えられたことである。これは、構造改革論に通じるものであり、部落解放運動の基本路線における大きな転換であったが、一九六〇年代の奈良本《ならもと》・井上《いのうえ》論争をはじめとする共産党などとの諸論争の結果である。

「同対審」答申は、池田・佐藤政権による政府・自民党の「社会開発構想」「福祉国家形成論」を内包した高度経済成長路線がベースになっている。ある意味では、政府・自民党が吉田政権時代の「力の対決による政治重視」路線から、「社会的配慮による経済重視」路線へ転換したことの反映でもあった。この事態に対する真剣な掘り下げが必要であったが、日本共産党との激烈な対立・攻防のために、なおざりになってしまったことは残念である。

第8章　一九六〇年代諸論争と「同対審」答申具体化への立法論争

本書を書くために、いろいろな資料を調べたり話を聞くにつけ、「知れば知るほど、知らないことが増えてくる」ことを痛感する。このことは、人間一人の知見では物事の全体をつかむということがいかに至難の業であるかという証でもある。「三人寄れば文殊の知恵」というが、それでも無理があるということである。

したがって、あらゆる理論や知見というものは、何ひとつとして「絶対的」なものは存在しえず、そこには過不及の側面やある種の誤謬《ごびゅう》が避けられないことは必然である。だからこそ、どんなに権威ある理論であっても常に相互批判や絶えざる検証と手直しが求められることが必定となってくる。

この認識を前提として、必要な理論を「導きの糸」として、現実に向き合い、真摯な議論を通じて問題解決への現実的な方向性への合意を形成していく努力をおこない、合意後も異議申し立ての場を保障しておき、不十分点や誤りがわかれば率直に自己批判して訂正するという運動姿勢を大事にしなければならない。それが民主主義的姿勢であり、民主主義が一面で「合意へのプロセス」といわれる所以《ゆえん》である。

1　今日につながる一九六〇年代の諸論争の様相

◉一九六〇年代は「論争」と「分裂」の時代

一九六〇年代は、部落解放運動にとって、数多の論争が展開された貴重な時代であり、今日の部落解放運動にとっても多くの教訓を引き出すことができる学びの宝庫である。

この時代には、「六〇年綱領改定論争」「奈良本・井上論争」「政党支持の自由論争」「同対審答申評価論争」、さらには一九六九年の矢田教育差別事件を契機としてくり広げられた「解放理論論争」や「糾弾権論争」をはじめとして、枚挙に暇がないほどの諸論争がおこなわれた。

これらの諸論争の背景には、平和共存路線をめぐる中ソ論争の表面化や「八一カ国共産党声明」（一九六〇年）にみられるような国際共産主義運動の多様化、および日本社会党や日本共産党の新たな政治路線をめぐる論争があったことは事実である。

これらの諸論争が、民主的な論争の枠組みにおさまらず、やがては日本の政治運動・平和運動・労働運動やさまざまな社会運動を分裂させていく契機にもなった。一九六〇年代が「分裂の時代」として現象していったことには、残念な思いを禁じえない。

●共産党政治路線を反映した「六〇年綱領」

一九六〇年の部落解放同盟第一五回全国大会では、日本共産党の政治路線を色濃く反映した「綱領」が採択された。いわゆる「六〇年綱領」は、「アメリカ帝国主義に従属する日本の独占資本は、日本の民主化をくいとめる反動的意図のもとに部落に対する差別を利用している。それゆえに現在では独占資本とその政治的代弁者こそ部落を差別し圧迫する元凶である」とし、日本共産党の「二つの敵論」にもとづいて運動方針が記述され、第一九回全国大会（一九六四年）までの基調となった。同盟内では朝田善之助元委員長を中心としてこの綱領に対する水面下での論争が、粘り強く続けられていたことも事実である。

2　奈良本・井上論争の意味に関する再考

●「六〇年綱領」に対する奈良本論文の問題提起要旨

このような共産党の政治路線に批判的であった奈良本辰也《ならもとたつや》（部落問題研究所所長／歴史学者／立命館大学教授）が、一九六一年一月号の雑誌『部落』に「部落解放の展望——部落問題の新しい展開についての試論」を発表した。その要旨は、「明治の弱小な資本主義とは本質的にも違っている今日の独占資本が、そのような部落を温存しておかなければならない理屈はさらにない」とし、「わたしは独占資本が自らの意志において部落を解放するであろうなどといっているのではない。要らなくなったということと、解放するということは明らかに別問題」であり、「一九六〇年一月、モスクワで開かれた八一カ国の共産党労働者党代表者会議の声明は、議会を通じて平和的に革命を進めることの出来る趣旨を発表した。わたくしもまた、部落の解放はそれの一歩前の問題であるだけに、今日の行政闘争の効果的な推進によって、十分達成される段階に立ち至ったと考えて差支えない」と断言し、「それは一種の構造改革論でもある」とした。さらに、「部落解放の途上にみえている可能性の追求は、もっともっと真剣にかつ具体的に考えて考えぬかなければなるまい。必然性の思想の上にあぐらをかいて安心していては、今日の時勢に遅れる」と警鐘を鳴らし、行政闘争強化の必要性を強調すると同時に、「その予算が融和主義者たちの手で自由に処理されて行く危険性が十分にあるのであるから、それを如何にして公正の場所におくかということがわれわれの問題となってくる」との重要な課題提起もおこなった。

◉構造改革論とは何か

奈良本論文は、非常に短文の「試論」であり、説明が不十分で誤解されるような箇所も多々あるが、当時の「六〇年綱領」の基調を全面否定したものである。

奈良本が依拠した構造改革論は、端的にいえば、「平和共存・反独占民主主義・社会主義への平和的移行」路線ということができよう。イタリアのグラムシやトリアッティを中心に準備され、一九五六年一二月のイタリア共産党第八回大会で採択された「社会主義へのイタリアの道」として示された先進資本主義国における新たな社会主義運動への模索であった。それは、同年二月に開催されたソ連共産党第二〇回大会におけるスターリン批判と平和共存路線の採択を受けたものであり、四月のコミンフォルム解散による国際共産主義運動の多様化を示すものであった。その後、幾多の試練を経ながらイタリア、フランス、スペインなどを中心に、構造改革論はユーロコミュニズム（「暴力革命の放棄」「プロレタリア独裁論の破棄」「党内民主集中制と分派禁止規定の廃止」などが特徴）として進展していく。とりわけ、フランスなどでは「先進的民主主義」という概念のもとに、根源的な民主主義の観点から現行の社会構造を変革していくことによって「新たな社会体制」を創造することが可能であるとし、一九八〇年代半ばには「社会変革そのものを直接の目標とする闘争」へと戦略課題を設定した。

日本では、一九六〇年に社会党が構造改革論を実践的プログラムとして公式に採択したが、社会主義革命を放棄する修正主義として党内で批判の大論争が起こり、派閥抗争も絡みながら、一九六四年一二月の社会党第二四回大会で「日本における社会主義への道」という綱領的文書が採択され、構造改革論は否定された。

◉奈良本論文に対する集中砲火的な反論と井上論文の要旨

このような背景と展望をもって問題提起された奈良本論文の衝撃は大きな波紋を起こし、ただちに各種の反論がなされた。いわく、奈良本論文は「封建遺制論」「近代化論」「修正主義論」などと論難された。代表的な反論は井上清《いのうえきよし》（部落問題研究所研究員／歴史学者／京都大学教授）によってなされた。一九六一年五月号の雑誌『部落』所収の「部落問題と労働者階級」である。衆知の「奈良本・井上論争」である。

井上は、一九五〇年代ごろから部落問題の特徴を「三位一体論」（身分・職業・居住が不可分）として説明していたことは有名である。井上の反論の要旨は「現在独占資本は封建遺制を必要としないということが一般に言えるとしても、部落差別は現実に拡大しているのだから、この二つの事実を矛盾なく説明するためには、現代にある差別の本質をたんなる封建遺制と考えることをやめて、それは現代の独占資本主義の構造そのものがつくり出すものだと考えるほかはありますまい。また事実そういうものであります」。「そして将来も現代独占資本の法則が純粋に貫けば貫くほど部落民の生産における地位は悪化するであろう。差別のぎりぎりの本質はここにありますす」とした。一言でいえば、「独占資本は部落差別を強化する」ということである。多くの反対論者も井上の論旨とほぼ同様であり、集中砲火のもとで奈良本「試論」は十分に議論されることなく葬り去られた。

◉奈良本・井上論争に対する丁寧な検証と再考が必要

しかし、「同対審」答申以降の同和行政のもとで進められた同和対策事業が、奈良本が問題提起した方向で進展してきたことを考えれば、構造改革論として提起された奈良本論文は、「もっともっと真剣にかつ具体的に考えて考えぬかなければ」ならないものであったように筆者には思われる。まさに、部落解放運動のなかで練り上げられてきた行政闘争の論理は、参加・自治・管理をキーワードにしながら「民主主義」の理解を深化させるものであり、構造改革論の真髄と通底する貴重な闘い方であったとみるべきである。

師岡佑行が『戦後部落解放論争史』第三巻（一九八二年）において、「この構造改革論を修正主義として批判し去ることはたやすい。しかし、これにたいする批判者の立脚点は原則的にみえて、じつは旧態依然としたマルクス主義に終始している点で保守的である。構造改革論はいま指摘したような問題点を内包しつつも、六〇年代以降の新たな状況の理論的解明をマルクス主義の立場からめざしたものとして高く評価できる。しかもそこで提起された課題は、今日もなお果たされていないのである」と指摘していることは、まさに正鵠《せいこく》を射ている。

◉諸論争における部落解放運動の立ち位置およびその強みと問題点

「同対審」答申の評価をめぐる激しい論争は、前述したように部落解放同盟第二〇回全国大会での大きな路線転換となって決着した。すなわち、第一五回全国大会（一九六〇年）以降における運動方針基調の底流となっていた「二つの敵論」「民族民主革命論」路線から決別し、「平和共存」「反独占民主主義」路線へと転換した。ある意味で、共産党系の路線から構造改革路線への転換であったともいえる。

部落解放同盟第20回全国大会（1965年10月4～5日、東京）

部落解放運動の強みは、時々の政党次元での路線論争に関心をもちつつも、自らの現実の生活現場に密着した課題解決という現実路線を最重要視して、そこから闘いの具体的方向性を導き出してきたことである。その方向性に合致していればそれを容認し、そうでなければ距離を置くというスタンスであった。

ドグマ（教条）に現実を当てはめるのではなく、現実から問題・課題を設定し解決策を探る姿勢が必要であり、

「三つの命題」として解放理論の確立に心血を注いだ朝田善之助元委員長の姿は、それを象徴していた。それは、当時の日本共産党系の人たちに顕著にみられるように、現実のさまざまな社会運動から政治変革への具体的な課題を汲《く》み取《と》るのではなく、政党の立場を押しつけながらそれぞれの大衆団体を自らの下部組織化しようとする鼻持ちならない前衛党意識と闘いつづけた姿でもあった。ただそれは、やむをえなかったとはいえ部落問題の独自性を強調しすぎることによって、一面で部落第一主義的な排外主義的傾向をともなう危険性とも隣り合わせであったともいえる。

3 「同対審」答申具体化への「立法措置」をめぐる闘い

◉基本法的事業法か地域改善的事業法か

「同対審」答申が一九六五年八月に出されてから、具体的な施策を実施するための「同和対策事業特別措置法」が一九六九年七月に施行されるまでに、実に四年の長きを経た。

この間、立法化にむけて、八木一男（社会党代議士／部落解放同盟中執）や田中織之進（社会党代議士／部落解放同盟書記長）を中心に国会内で粘り強く奮闘を続けていた。また、同和対策協議会（堀木鎌三会長／元厚生大臣）でも議論が続けられていた。

そこでは、「同対審」答申をふまえた立法措置はいかにあるべきかということと早期立法化をめざすことが主要テーマであった。

部落解放同盟の立場からすれば、部落問題解決にむけた基本法的な立法をめざしつつ、絵に描いた餅にしないために具体的な施策を実施させることができる事業法として立法運動を進めていた。そのことは、部落解放同盟案である『部落解放対策「特別措置法」草案』（一九六七年一二月一二日）に端的に示されている。それは次のように述べている。

一、法律の性格――いわゆる「基本法」は宣言的法律であって、国の部落解放対策に関する基本方針を抽象的に規定し宣明するにとどまるので、それのみでは部落問題の完全な解決を図るための実質的効果は期待できない。それゆえこの法律は、基本的な性格をもつとともに、施策の実施方針をも法的な事項としてできるだけ具体的に規定する中身のある法律とすべきである。

また、部落解放対策を具体的に実施するにあたって、他の法律と関連のあるばあいにはこの法律が法的に法律を規制しうる効力をもつよう、上位に置くべきものとすること。

二、前文をつけること――この法律は歴史的な意義のある法律であるから、農業基本法、教育基本法等のように前文をつけるべきである。

前文の内容は、多数の同胞が不当なる差別と貧困のため、はなはだしく人権及び生活を圧迫されてきた沿革を明らかにし、憲法の基本的人権尊重の理念及び世界人権宣言の精神に則《のっと》り、部落問題のすみやかな根本的解決を図ることは、国の責務であると同時に国民連帯の課題であることを強調し、そのために特別な法律を制定する趣旨を明確にする格調の高い文章を書くこと。

一方、政府・自民党内には、法律は不必要で予算措置だけやればよいとの「法案無用論」の意見も根強く存在しており、また「法案名称問題」も浮上した。立法化するにしても「同和」や「部落」などの名称は使わずに戦前の融和行政時代に使われていた「地域改善」事業を実施するような事業法の制定を主張していたのである。そこには、「国の恥辱」論や「寝た子を起こすな」論の考え方が支配的であったことを見てとることができる。

◉政治的妥協の産物としての「同和対策事業特別措置法」の制定

このような対立的な二つの考え方が存在するもとで、立法化をめぐる国会論争や同和対策協議会での議論は進められた。この局面打開のために、一九六八年八月に部落解放同盟は、「特別措置法」即時制定を求め総理府交渉を実施し、総理府庁舎屋上から要求スローガンを掲げた垂れ幕を降ろした。これは、前代未聞の出来事であった。第一次総理府占拠闘争である。

激しい国会内外の攻防の末に、一九六九年七月一〇日に一〇年間の時限法として「同和対策事業特別措置法」が公布・施行されたのである。「特措法」時代三三年間の同和行政の幕開けである。ここまでの歴史や諸論争の教訓をしっかりふまえたうえで、七〇年代以降の同和行政・同和教育進展のもとでの部落解放運動の検証と再考を進めたい。

1968年８月の特別措置法制定要求中央国民大行動のなかで、総理府に「特別措置法即時制定」「同対審答申完全実施」を要求する垂れ幕がかけられた

第9章　同和対策事業特別措置法制定の意義と同和行政をめぐる闘い

1　一九六八年「差別と屈辱の明治一〇〇年」糾弾闘争

同和対策審議会答申が出され、その具体化の一環として「特別措置法」早期制定を求める闘いをしている時期の一九六八年一月初頭に、「壬申戸籍《じんしん》」への闘いを中心とする「差別と屈辱の明治一〇〇年」糾弾闘争を開始した。

◉壬申戸籍糾弾闘争

一九六八年は、明治維新から一〇〇年目にあたり、政府は「明治一〇〇年祝賀」の各種イベントを準備していたが、部落解放同盟はこの動きに異議申し立てをおこなったのである。すなわち、明治一〇〇年の歴史は、「部落差別を放置し続けた歴史」であり、その典型が差別身元調査の元凶である「壬申戸籍」（一八七二年）であるとして、壬申戸籍に対する糾弾闘争を焦点化した。壬申戸籍は、近代日本が国民国家として成立するための基礎であり、一八七二年（明治五年／壬申の年）に完成した戸籍簿である。これは、江戸時代の宗門人別《しゅうもんにんべつ》改《あらため》帳《ちょう》を土台に作成され、家単位で登録されて家制度の基礎をなしたもので、前時代の旧身分を記載したものも多々あった。同時に、法的に、戸籍は「原則公開」とされていたために、明治一〇〇年の時点においても、だれでも壬申戸籍を閲覧することが可能であった。この存在が、就職や結婚のときに差別身元調査に悪用されていた。

◉法務省の異例の対応の早さ＝超法規的措置

壬申戸籍に対する闘いは、ただちに全国化され、国会内でも追及された。法務省は、一九六八年一月一一日には「壬申戸籍の閲覧禁止」通達を関係機関に出し、三月二九日には「壬申戸籍厳重封印保管」を通達した。厳密にいえば、法律で担保されていた「原則公開」に違反する通達であり超法規的措置であるが、異例の早い対応であった。「同対審」答申の効力であったといえる。

生きていた差別の戸籍
"お蔵入り"を閲覧
ほじくる身分・犯罪歴
就職や縁談も取消し
回収指示した
行政の差別だ

壬申戸籍の差別問題を報じた「朝日新聞」（1968年1月4日）

◉和歌山県白浜町での戸籍閲覧制限要綱制定と全国的波及

しかし、一九七三年三月に和歌山県白浜町《しらはまちょう》で戸籍閲覧に端を発する結婚差別事件が起こり、糾弾闘争が展開された。その結果、翌年二月に白浜町は、戸籍閲覧は本人・親族に限るという要綱を全国の自治体に先駆けて制定した。この動きは、すぐに全国化した。

◉「部落地名総鑑」差別事件の発生と戸籍法改正

その反動として、一九七五年一二月九日に発覚したのが、「部落地名総鑑」差別事件であり、日本社会の根深い差別体質を露呈した。大々的な「部落地名総鑑」差別事件糾弾闘争の過程で、一九七六年六月一五日に「戸籍の公開制限」のための戸籍法改正がなされた（施行は一二月一日）。戸籍制度そのものが、部落差別や他の差別をも生み出す根拠のひとつであるとの認識から、現在においても戸籍制度の改廃のための闘いは続いている。

部落地名総鑑事件一覧

番号	図書名	判明時期	発行所	販売価格	作成数	購入数	販売時期	体裁
1	人事極秘・部落地名総鑑	1975.11.18	企業人材リサーチ協会・企業防衛懇話会	30,000円～45,000円	500	53	1975.4～75.11	赤表紙タイプ印刷
2	全国特殊部落一覧	1976.2.13	労政問題研究所	25,000円	11	11	1975.2～75.5	手書きをコピー
3	全国特殊部落リスト	1976.11.28	労働問題研究所	20,000円～30,000円	54	54	1970秋～71秋 1975.1～75.6	手書きをコピー
4	大阪府下同和地区現況	1976.12.24	労働問題研究所	20,000円～30,000円	35	34	1972.12～73.3 1975.4～75.6	印刷物のコピー
5	日本の部落	1977.9.2	労政経済研究会	5,000円～10,000円	不明	51	1969～72	草色表紙タイプ印刷
6	特別調査報告書	1977.9.2	Fリサーチ・センター	10,000円	1	1	1974春	手書きをコピー
7	㊕分布地名	1977.11.15	H探偵社	15,000円～20,000円	135	14	1976.2～76.11	クリーム色表紙タイプ印刷およびコピーの2種類
8	同和地区地名総覧・全国版	1978.5.12	—	30,000円～35,000円	204	5	1975～80ころ	白表紙タイプ印刷およびタイプ打ちのコピーの2種類

友永健三『部落解放を考える—差別の現在と解放への探求』（解放出版社、2015年）所収一覧表を簡略化。

2006年には第9、第10の地名総鑑が発見、回収されている。

2 「同和対策事業特別措置法」制定の意義と問題点

◉「同和」の冠名称をもつ法律の成立

同和対策事業特別措置法は、前稿でも記述したように、国会内外での激しい議論の末に、全文一一条からなる法律として一九六九年六月二〇日に成立し、七月一〇日に施行された。部落解放同盟は、「基本法的事業法」の制定を求めていたが、政府与党の「法律無用」論や「法律名称」問題などの根強い抵抗があり、やっとのことで「同和対策事業特別措置法」（以下「同対法」と略）という形で成立したのである。この同対法とはどのような法律であったのか。

まず、法律の頭に「同和」という名称が入れられたのは、八木一男衆議院議員の執念のような努力の賜《たまもの》であった。「部落問題を解決する目的をもった法律」であることを明示するためには絶対に必要なものであり、外すことはできないと国会論戦で主張しつづけた成果である。「同和」の言葉そのものには違和感があるが、抵抗を続けた政府与党をそれで妥協させたのである。それは、「名は体を表す」ように法律の目的にも直結するものであった。

◉曖昧にされた法の目的と目標

同対法第一条（目的）は、「この法律は、すべての国民に基本的人権の享有を保障する日本国憲法の理念にのっとり、歴史的社会的理由により生活環境等の安定向上が阻害されている地域（以下「対象地域」という。）について国及び地方公共団体が協力して行なう同和対策事業の目標を明らかにするとともに、この目標を達成するために必要な特別の措置を講ずることにより、対象地域における経済力の培養、住民の生活の安定及び福祉の向上等に寄与することを目的とする」と規定された。

また、第五条（同和対策事業の目標）では、「同和対策事業の目標は、対象地域における生活環境の改善、社会福祉の増進、産業の振興、職業の安定、教育の充実、人権擁護活動の強化等を図ることによって、対象地域の住民の社会的経済的地位の向上を不当にはばむ諸要因を解消することにあるものとする」とされた。

注意深く読んでいただきたい。この法律では、「部落問題の完全解決」という文言は巧みに曖昧化され、「歴史的社会的理由」が部落問題を暗示する表現として使われているのみである。同和対策協議会は、法制定にむけて「同和対策の促進に関する特別措置法案要綱」（一九六九年三月三〇日）を内閣総理大臣あてに提出し、法律の目的を「同和問題のすみやかな解決を図ること」と明示していたことも思い起こしていただきたい。

しかし、最終的に法律の目的は、「対象地域における経済力の培養、住民の生活の安定及び福祉の向上等に寄与すること」とされ、同和対策事業の目標は、「対象地域の住民の社会的経済的地位の向上を不当にはばむ諸要因を解消することにある」とされた。

この法律の名称と目的にかかわる問題はその後も継続し、法延長のたびに名称が曖昧化され、目的が変質化されていくことになったのである。

◉同和行政の戦略を決定づけた「同和対策長期計画」の基本方針

この目的・目標は、同対法の施行前に閣議了解された「同和対策長期計画」(一九六九年七月八日)の基本方針において、「同和地区における他の地域との格差の是正をはかるとともに、国民に対する積極的な啓発活動を行なう」とされた。すなわち、同和行政の戦略課題が、「格差是正」と「啓発活動」に設定されたのである。別言すれば、「実態的差別が解消すれば心理的差別も克服できる」とする戦略であったといえる。

◉一〇年の時限法の意味と本来的な「時限」のあり方

また、同対法の期限をめぐる論議にも留意しておく必要がある。「部落問題が解決するまでの半ば恒久法にすべきだ」との意見が運動団体や野党側にあったが、「だらだらとやるよりは集中的にやるべきだ」という政府与党の意見があり、結局「一〇年の時限法」となった。ここにも、

「基本法的事業法」と「地域改善的事業法」の思惑のズレがみられる。

ただし、政府与党の「集中的にやるべき」との意見にもかかわらず、内閣総理大臣官房同和対策室が設置されたのは、一九七四年四月一一日のことであり、法期限半ばになってからの遅い設置であった。政府与党の「やる気度」が問われる事態であった。

ここで、考えておかなければならないことは、人種差別撤廃条約第一条四項の趣旨である。特別措置の事業実施においては、この趣旨は大事にされなければならない。

「四　人権及び基本的自由の平等な享有又は行使を確保するために、保護を必要としている特定の人種若しくは種族の集団又は個人の適切な進歩を確保することのみを目的として、必要に応じてとられる特別措置は、人種差別とみなさない。ただし、この特別措置は、その結果として、異なる人種の集団に対して別個の権利を維持することとなってはならず、また、その目的が達成された後は継続してはならない。」

条約のこの部分は、第一に、不平等の実態を是正するための特別措置は差別政策ではないこと、第二に、特別措置は当事者の特権や既得権ではないこと、第三に、特別措置は目的達成後は継続してはならないことを明確に規定しているのである。もちろん「目的達成」の判断は、科学的な実態調査によって裏づけられなければならないことはいうまでもない。この部分は、あらゆる特別措置を実施するときに、決して忘れてはならない重要な視点である。

◉地方自治体の超過負担解消への財政特例措置法の実情

さらに、この同対法の特徴は、地方自治体の同和対策事業促進と超過負担解消のために、国が必要事業費の「三分の二の補助」をおこなうことや、地方債の発行とその元利償還への地方交付税の充当などを規定した財政特例措置法であったことである。

しかし、実際には国の指定した事業のみへの補助であり、必要に応じて実施された地方自治体の諸事業は補助対象から除外され、やがて地方自治体の超過負担問題が浮上することになった。

◉低位劣悪な部落の住環境改善には効力を発揮した同対法

同対法は多くの問題を内包したものであったが、それでも同和行政は一九七〇年代から本格的に始動しはじめた。暗中模索の事業展開のなかで、環境改善事業は大きく前進し、低位劣悪な部落の実態は劇的な変化をみせていくことになる。

3 「三つの命題」が牽引した行政闘争の威力

◉「三つの命題」の整理・確立(一九七一年)

この同和行政の推進を促したのは、まぎれもなく部落解放運動の力であった。部落解放同盟は、すでに第一六回全国大会（一九六一年）で「部落差別の本質」「差別の社会的存在意義」をおおむね定義化し、第二三回全国大会（一九六八年）で「社会意識としての部落民に対する差別観念」の骨格を打ち出していたが、矢田教育差別事件（一九六九年）を中心とする日本共産党との激烈な対立・論争を通じ、これらの各命題も整理されていき、一九七一年の第二六回全国大会の運動方針において「三つの命題」として解放理論を確定した。

解放理論としての「三つの命題」は、部落差別の現実から出発し、具体的な闘いと論争のなかで鍛え上げられた実践的理論であった。その要旨は、次のようなものであった。

部落差別の本質とは、「部落民が市民的権利の中でも、就職の機会均等の権利を行政的に不完全にしか保障されていない、すなわち、部落民は差別によって主要な生産関係から除外されているということである。これが差別のただ一つの本質である」。

差別の社会的存在意義とは、「部落民に労働市場の底辺を支えさせ、一般労働者の低賃金、低生活のしずめとしての役割を果たさせ、政治的には部落差別を温存助長させることによって、部落民と一般勤労者とを対立させる分裂支配の役割をもたされている」。

社会意識としての部落民に対する差別観念とは、「その差別の本質に照応して、日常生活化した伝統の力と教育とによって、自己が意識するとしないとにかかわらず、客観的には空気を吸うように一般大衆の意識の中に入り込んでいる」。

この命題で使われている「市民的権利」は、憲法で規定されている「基本的人権」とは区別して使われている。すなわち、明治維新で近代社会に移行した時点で、新たな社会原理である「自由と平等」の権利としてすべての人に保障されるべき「就職の機会均等」「教育の機会均等」「居住移転の自由」などの根幹的権利のことを指しており、これらの権利から部落民が排除されてきた歴史的社会的事実を強調する概念として使われている。このことに留意しておく必要がある。

「三つの命題」は、学術的な命題とはいえない荒削りで不十分な側面もあるが、まさに生活と闘いの現場で鍛え上げられた野太刀のような実践的運動論であった。

◉「三つの命題」と「同対審」答申で理論武装した行政闘争の威力

「同対審」答申を武器とし、「三つの命題」で理論武装した部落解放運動の行政闘争・要求闘争の威力は、絶大であった。一九七〇年代に怒濤の進撃を続け、部落解放運動史上において量質ともに最大の発展をつくりだしていくことになった。

部落解放国策樹立運動に押し込まれて作成された「同対審」答申は、「環境改善」「社会福祉」「産業・職業」「教育問題」「人権問題」に関する五つの対策を同和行政の柱として提示していた。

この五つの対策の柱に照応するように、部落解放運動は全国の各地域で要求闘争を組織し、行政闘争を展開していった。環境分野では、住宅建設、道路・河川改修などの地域改善要求が出され、労働分野では、作業所建設、失業対策事業、生業資金、最低賃金、就労支援などを求めた。教育分野では、長欠問題、越境入学問題、学力・進路保障、奨学金、子ども会、識字などが取り組まれ、福祉分野では隣保館建設、生保制度改革、保育所建設、妊産婦支援など多岐にわたる要求が取り上げられていった。さらに、企業連、国税・融資などの取り組みも進んでいった。

「特措法」時代の三三年間で、国が実施した同和対策事業数だけでも、延べ一〇二事業を数える。地方自治体で独自に実施した事業数を加えるとさらに増える。事業予算は、国で約四兆三〇〇〇億円であり、地方自治体では約一〇兆円程度で、合計一四〜一五兆円が投入されたことになる。

同和対策事業の数の多さや投入された多額の予算をみれば、一見驚くかもしれない。しかし、逆説的な見方をすれば、部落を排除してきた差別行政によって、いかに多くの一般予算を浮かしてきていたかの証であり、行政が当然やるべきことをやってこなかったことを物語っているだけである。

同時に、不公正な行政のあり方を是正してきた部落解放運動の要求闘争・行政闘争がいかに強力であったかを読み取ることができるのである。

地域改善（同和）対策関係予算の推移

（単位：百万円）

		総務庁	法務省	文部省	厚生省	農水省	通産省	労働省	建設省	自治省	計	備考
特措法以前	53				13						13	隣保館予算
	54				12						12	
	55				11						11	
	56				12						12	
	57				14						14	
	58				24						24	
	59			1	50						51	
	60			5	134	22			238		399	同対審設置法
	61	1		16	203	28			391		639	
	62	4		16	263	46			493		822	
	63	5		21	333	69		1	758		1,187	
	64	2		32	425	100		1	772		1,332	
	65	2		45	532	125		1	1,143		1,848	同対審答申
	66	2		77	687	163	13	17	2,452		3,411	
	67	12		111	961	228	18	23	2,688		4,041	
	68	5	1	152	1,344	318	22	27	2,118		3,987	
小計		33	1	476	5,018	1,099	53	70	11,053	0	17,803	16年間
同対法	69	5	1	213	1,873	446	32	31	3,616		6,217	同対法
	70	6	2	338	3,094	669	50	53	7,681		11,893	
	71	43	4	506	4,804	1,836	105	72	13,521		20,891	
	72	9	5	769	7,054	2,841	621	126	19,946	35	31,406	
	73	15	8	1,173	10,399	4,261	1,372	250	24,975	77	42,530	
	74	26	12	1,771	14,967	6,180	2,834	414	31,197	112	57,513	同対室設置
	75	84	52	2,788	21,245	8,913	5,149	740	43,174	162	82,307	
	76	76	48	4,001	27,837	12,451	8,692	1,183	53,287	230	107,805	
	77	101	44	5,374	35,915	17,695	13,942	1,542	64,256	331	139,200	
	78	122	53	6,676	45,933	25,361	19,220	1,932	84,573	448	184,318	
	79	148	64	8,033	56,579	33,278	24,445	2,419	100,956	602	226,524	3年延長
	80	176	78	9,366	62,783	39,302	25,938	2,895	111,194	750	252,482	
	81	226	97	10,551	70,704	44,240	28,107	3,315	121,058	937	279,235	
小計		1,037	468	51,559	363,187	197,473	130,507	14,972	679,434	3,684	1,442,321	13年間
地対法	82	268	115	10,795	70,459	43,797	28,229	3,341	166,599	928	274,531	地対法
	83	314	128	10,906	57,861	36,254	26,255	3,454	102,387	834	238,394	
	84	359	142	11,015	47,460	33,187	23,797	3,506	94,660	726	214,852	
	85	407	155	11,300	45,516	31,545	21,355	3,613	96,065	653	210,610	
	86	452	168	11,538	45,549	31,424	19,412	3,792	101,548	607	214,489	
小計		1,800	708	55,554	266,845	176,207	119,048	17,706	511,259	3,748	1,152,876	5年間
地対財特法	87	497	184	11,541	44,488	29,176	13,345	1,033	90,128	558	190,949	地対財特法
	88	548	206	11,677	37,977	24,812	11,319	1,062	91,072	500	179,173	
	89	605	230	11,894	37,210	22,078	10,299	1,122	80,525	456	164,419	
	90	663	257	12,043	36,925	17,746	10,270	1,174	71,833	411	151,372	
	91	725	284	12,243	38,324	18,390	10,241	1,230	74,048	454	155,940	
	92	800	317	12,297	33,961	13,089	10,212	1,261	58,411	411	130,761	5年延長
	93	1,207	351	12,360	30,042	12,040	10,190	1,295	55,919	362	123,767	
	94	994	387	12,397	27,756	11,519	10,189	1,330	57,389	350	122,311	
	95	1,076	425	12,211	24,614	11,567	10,170	1,368	58,183	324	119,938	
	96	1,181	465	12,262	30,072	10,688	10,156	1,403	59,615	193	126,015	最終意見具申
	97	—	—	8,748	39	76	9,461	899	42,468	—	61,691	5年延長
	98	—	—	7,455	32	—	9,375	803	32,989	—	50,654	
	99	—	—	6,758	24	—	9,290	724	31,283	—	48,079	
	00	—	—	5,904	16	—	9,195	652	20,653	—	36,420	人権教育法
	01	—	—	5,557	9	—	9,096	583	19,101	—	34,345	～02年3月
小計		8,296	3,106	155,347	341,489	171,161	152,808	15,939	843,667	4,019	1,695,834	15年間
合計		11,167	4,283	262,944	976,544	545,935	402,415	48,685	2,045,411	11,455	4,308,830	49年間
法計		11,135	4,282	262,457	971,524	544,840	402,362	48,617	2,034,360	11,455	4,291,031	33年間

（注1）金額は当初予算／年度は西暦

（注2）出典は『同和行政史』（総務省大臣官房地域改善対策室／2002年3月）、ただし表記は一部修正

第10章　一九七〇年代——部落解放運動の疾風怒濤の時代

1　躍動する部落解放運動

◉日本社会を揺さぶる部落解放運動

一九七〇年代の部落解放運動は、部落差別やマイノリティ問題を社会的に容認・黙認しつづけてきた日本社会の差別体質をあらゆる分野で告発し、揺さぶりつづけた。まさに、社会的指弾の様相を呈した。

「同対審」答申を武器にし、「三つの命題」で理論武装した部落解放運動の行政闘争や糾弾闘争は、向かうところ敵なしの破竹の勢いで飛躍的な発展をみせた。

とりわけ、狭山《さやま》差別裁判糾弾闘争は、量と質の両面において部落解放運動の躍進を表徴化する取り組みであった。

◉生活分野における「反差別」の闘いが社会変革の原動力

部落の生活圏域を基礎として、「反差別」の観点から日常生活の差別実態を告発し、大衆的な要求闘争や各種要求組合も組織し、その改善を行政に求めていく行政闘争は、すべての生活分野に及んだ。

低位劣悪で不衛生な住環境の改善、生業資金・作業所建設・失対労働改善・車友会や職安行政の改革・最低賃金引き上げなどの安定した就労施策の強化、長期欠席・不就学・差別的越境入学の解消と加配・副読本・子ども会活動・奨学金制度・識字など教育条件改善と内容充実をめざす解放教育の創出、生活保護制度の改革・隣保館や保育所建設・妊産婦支援など福祉施策の充実、零細中小企業への経営指導や税務対策などの産業企業の支援、等々である。

部落差別撤廃という「反差別」の取り組みは、日々の生活と闘いの現場からさまざまな文化活動も活性化させた。「部落解放文学賞」「たたかいの祭」「音楽行動隊」「太鼓集団」「演劇」、「箱回し」など伝統的な門付け芸の復活などである。文化を生み出さないような社会運動は底が浅いとか、豊かな社会運動は必ず文化を生み出すといわれる。まさに部落解放運動は、「底の深さ」と「豊かさ」をもって闘いの幅を広げていった。

さらに、部落問題にかかわる研究活動も重視され、一九六七年五月に「部落解放研究第一回全国集会」が大阪府高槻《たかつき》市で開催され、一九六八年八月には共産党系の部落問題研究所と袂《たもと》を分かつかたちで「大阪部落解放研究所」(現「部落解放・人権研究所」)が創立され、それらの活動は今日も継続されている。

部落解放運動は、部落大衆の切実な要求を実現することを基盤におきながら、その要求が部落差別にもとづいていることを明らかにし、部落差別を生み出し支える社会意識や社会構造の変革と自らの「社会的立場」の自覚による人間変革を重要視していた。

◉顕在化する差別事件

部落解放運動の発展によって、いままで当たり前のように日常化されていたがゆえに無自覚な「潜在していた差別」が次々と摘発されはじめた。「寝た子を起こすな」意識が根強く存在するもとで、日本社会に深く沈殿していた部落差別体質が攪拌《かくはん》されたことによって、可視化されたために「多発」しているような現象が生じただけで、それすらも「氷山の一角」であった。この時期、枚挙に暇がないほどの差別事件が発覚した。主な差別事件や糾弾闘争を列挙してみる。

東本願寺難波《なんば》別院輪番《りんばん》差別事件(一九六七年一一月)、壬申戸籍差別糾弾闘争(一九六八年一月)、大内兵衛《おおうちひょうえ》東大名誉教授の雑誌『世界』での差別論文事件(一九六九年二月)、矢田教育差別事件(一九六九年三月)、差別興信所糾弾会(一九六九年一二月)、広島三次高校生差別自殺事件(一九七

○年一二月）、映画「橋のない川第二部」差別糾弾闘争（一九七〇年）、大阪住吉《すみよし》結婚差別自殺事件（一九七一年一月）、大阪中城《なかんじょ》結婚差別自殺事件（一九七一年三月）、和歌山県白浜町で戸籍閲覧による結婚差別事件（一九七三年三月）、奥野《おくの》文相差別発言（一九七三年八月）、松原《まつばら》パークレーン差別事件（一九七三年一一月）、大阪東郵便局職場差別自殺事件（一九七四年五月）、京都久世《くぜ》結婚差別刺殺事件（一九七四年七月）、八鹿高校差別教育糾弾闘争（一九七四年一一月）、大阪沢良宜《さわらぎ》結婚差別事件糾弾（一九七五年二月）、「部落地名総鑑」差別事件（一九七五年一二月）、滋賀県三雲《みくも》職場差別自殺事件（一九七六年三月）、曹洞宗《そうとうしゅう》・町田宗夫《まちだそうゆう》宗務総長差別発言糾弾闘争（一九七九年一〇月）等々である。マスコミ関係での差別事件が多発していたことも言をまたない。マスコミ関係各社が、厳しい抗議や糾弾を前に、ひそかに「禁句集」や「言い換え集」を内部資料として作成するなどの皮相な対応姿勢を示したのもこの時期である。

2　狭山闘争の本格化が部落解放運動の質的向上を促進

この時期に、狭山差別裁判糾弾闘争も本格化していく。狭山事件は、一九六三年五月一日に埼玉県狭山市で発生した女子高校生誘拐殺人事件である。五月二三日に部落青年の石川一雄《いしかわかずお》さんが別件逮捕され、犯人にでっち上げられた。詳細については、すでに多くの出版物が出されているので、それらに譲ることにして要点だけを記すことにする。

◉狭山事件の基本性格は「部落差別にもとづく冤罪事件」

狭山事件の特徴は、自白以外に決定的な証拠がなく、客観的な物証は「脅迫状」と「死体」のみであるが、石川さん自身の自白と状況が大きく食い違い、自白によって発見されたとする「万年筆」「鞄《かばん》」「時計」の三大物証も捏造されたことは明らかであり、何よりもどこからも石川さんの指紋が出てこないことである。明らかな冤罪《えんざい》事件である。

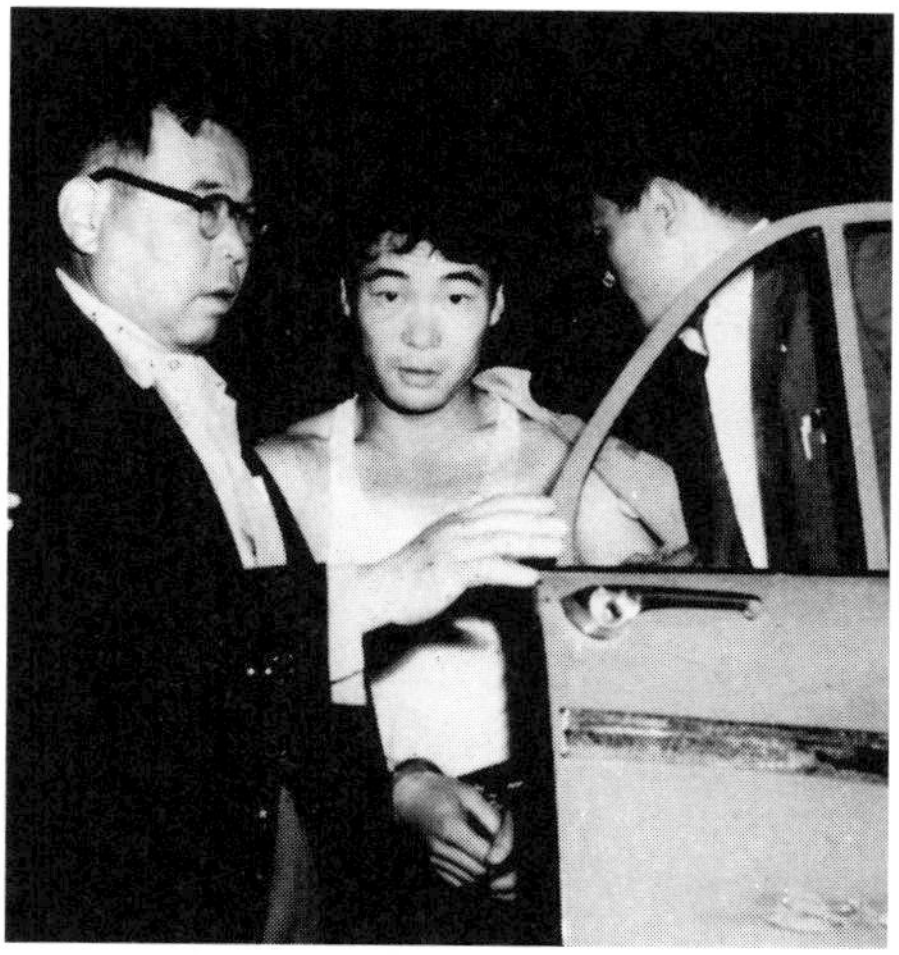

狭山事件で不当に逮捕・連行される石川一雄さん（1963年5月23日）

もうひとつの決定的な特徴は、部落差別の存在なしには「狭山事件」はありえなかったということである。警察の部落への集中的な見込み捜査や別件逮捕という違法性は、「部落の人間ならやりかねない」という社会的な予断と偏見が存在するもとで可能であった。

また、「別件だけでも一〇年になる。自白すれば一〇年で出してやる」という警察の言葉を信

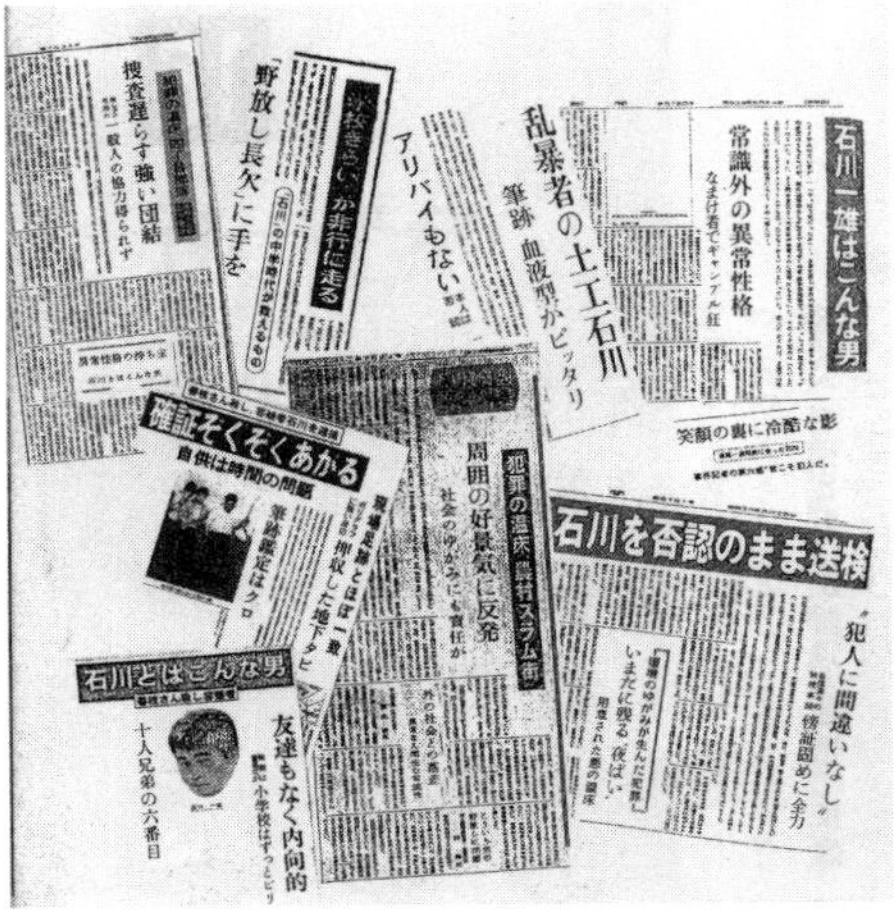

狭山事件で逮捕された石川さんを「異常性格」としたり、出身部落を「犯罪の温床」とするなど、多くの新聞に差別記事が掲載された

じて誘導されるままに「自白」し、第一審でもその自白を維持しつづけた石川さんの状態は、部落差別によりもたらされた不就学のため小学校低学年程度の学力しかなかった社会的無知につけ込まれたものであった。

まさに、「部落差別にもとづく冤罪事件」というのが、狭山事件の基本的な性格である。この部落差別の存在が背景にあることを理解せず、敢《あ》えて無視しつづける裁判のあり方は、差別裁判そのものである。

◉狭山事件への取り組みの出遅れと本格化

狭山裁判は、一九六三年九月四日に浦和《うらわ》地裁で第一審公判が開始され、わずか半年間で一二回という異例のスピード審理により、一九六四年三月一一日に死刑判決が出された。中田直人《なかたなおと》弁護士は、東京高裁に即時控訴をおこなったが、石川さんはこの時点でも、「一〇年で出れる」と信じていたという。

だが、同囚の人から警察・検察に騙《だま》されていることを知らされた石川さんは、九月一〇日に東京高裁で開かれた第二審の初公判冒頭で「私はやっていない」と無実を主張する。この事態は、弁護士ですら知らされていなかった。これ以降、石川さんの無実を求める闘いが、今日まで継続している。

しかし、狭山闘争が本格化するまでには時間がかかったことも事実であった。事件発生当時から野本武一《のもとたけいち》部落解放同盟埼玉県連委員長などが事件や裁判の不当性・差別性に対する地道な取り組みを続けていたが、部落解放同盟全体の取り組みにはならなかった。

狭山事件の当初の取り組みの中心は、共産党系の中田直人弁護士を軸とする日本国民救援会であり、その系列の「石川一雄さんを守る会」(難波英夫会長)であった。当時の弁護方針は「控訴趣意書」に端的に示されているが、「冤罪」を基本にしながらも「量刑不当」に対する「情状酌量」であった。これは、石川さんが一審で「自白」を維持しつづけたことが影響している。この「一審での自白維持」が、今日にいたるまでの裁判闘争の最大のネックになっていることも疑う余地がない。

このようななかで、一九六九年一一月一四日には、部落出身青年を含む新左翼系の関西部落研のメンバー五人が、「狭山差別裁判実力糾弾」「石川一雄実力奪還」を掲げ、死刑判決をおこなった浦和地裁を占拠するという挙に出た。

部落解放同盟の本格的な取り組みが開始されたのは、一九七〇年の第二審公判の再開時からである。狭山弁護団も関西の青木英五郎《あおきえいごろう》・山上益朗《やまがみえきろう》・松本健男《まつもとたけお》弁護士など部落問題に精通した弁護士の加入によって強化されていた。部落解放同盟は、第二五回全国大会（一九七〇年三月）で狭山闘争の本格化方針を打ち出し、五月には「狭山差別裁判糾弾要綱」を公表した。出遅れの自己批判をしながら作成された糾弾要綱は、共産党系の「一般刑事事件としての冤罪事件」路線や新左翼系の「実力糾弾・石川奪還」路線に対する批判的な見地から、「狭山差別裁判取り消し」「無実の石川一雄即時釈放」を基調としていた。

この基調のもとに、福岡で開催された部落解放研究第四回全国集会終了日の五月一八日から六月一五日にかけて、「同対審答申完全実施・特別措置法具体化・狭山差別裁判取り消し要求国民大行動」が展開された。この大行動のなかで、隊員の手によって「狭山差別裁判うちくだこう」の歌が作詞・作曲され、いまも歌い継がれている。

余談だが、この年の一二月集中公判闘争に、筆者もはじめて参加した。大阪市立大学部落問題研究会の一回生であったが、多くの学友のカンパに支えられての参加であった。

◉狭山闘争の拡大と共闘のあり方をめぐる議論

このようにして、狭山闘争は、全国津々浦々にまで拡大していった。とりわけ、闘いのなかで「万人は一人のために、一人は万人のために」という思想が共有されていったことは、部落解放運動の質を高める貴重な財産であった。同和行政の進展のもとで、同和対策事業をめぐって私的な利益追求という悪弊の傾向が出はじめていた部落解放運動にとって、なおさら貴重な闘いであった。

1974年8月、狭山裁判完全勝利を訴える部落解放全国行進隊。大阪市内のデモ行進

公判を重ねるごとに、狭山闘争の裾野は広がっていき、労働組合や市民団体などとの共同闘争の輪は大きくなっていった。第二審の最終段階に入った一九七四年には、八月六日から九月三日にかけて「狭山・同対審闘争勝利全国大行進」が実施され、引き続き東京産業労働会館を拠点に狭山中央オルグ団活動がくり広げられた。最終弁論がおこなわれた九月二六日の第八一回公判闘争では、日比谷公園を埋め尽くす一一万人もの人びとが結集した。この事態は、社会運動としては特筆すべき規模であった。

しかし、一〇月三一日の判決公判では、「無期懲役」という不当極まりない寺尾判決が示された。ただちに上告手続きがなされ、一九七六年一月二八日には最高裁へ「上告趣意書」が提出されるが、これに合わせて「狭山同盟休校」が打たれた。

　狭山闘争の拡大のなかで、部落解放同盟は、新左翼系の共闘団体に対しては、「部落解放同盟の闘争方針の順守、ヘルメット・ゲバ棒禁止」を条件に狭山闘争への参加を認めていた。ところが、日本共産党系の人たちは、新左翼系の「トロツキスト暴力集団」が参加していることを理由に、狭山闘争からの戦線離脱をおこなった。一九七五年二月には共産党系の日本国民救援会が狭山事件支援の取り止めを決定し、中田弁護士などの共産党系弁護士も狭山弁護団からはずれていった。

狭山事件控訴審結審中央総決起集会
（1974年9月26日、東京・日比谷公園）

　この動きは、日本共産党の部落解放運動の分断路線の一環であった。一九七五年三月には共産党機関紙『赤旗』で「『解同』朝田派への決算――全面崩壊する『朝田理論』」が掲載され、一九七六年三月には榊《さかき》利《とし》夫《お》共産党理論委員会委員長が『国民融合論の展開』を公表し、三月一六日に「全国部落解放運動連合会」（全解連）結成へと進む道をとっていく。これらの一連の流れのなかで、共産党系の人たちは部落解放同盟との組織的分裂を最終的に断行した。なお、全解連は、二〇〇四年四月時点で、「部落問題は基本的に解決した」として、「全国地域人権運動総連合」（全国人権連）に改組している。

狭山闘争は、一九九四年一二月二一日に石川さんの仮釈放を勝ち取ったが、いまだ見えない手錠につながれたままであり、完全無罪勝利をめざして、現在も第三次再審請求闘争が粘り強く継続している。同時に、冤罪事件を生み出す土壌になっている司法制度に対して、「取り調べの可視化」や「検察証拠の全面開示」などの民主的改革の取り組みも進めていることは周知のとおりである。

3　日本社会変改への社会運動の現実的可能性の萌芽

◉疾風怒濤の時代

一九七〇年代は、部落解放運動が飛躍的な発展をみせた時期であるが、同時に部落解放同盟内で六〇年代からくすぶりつづけていた諸論争が一気に具体的・実践的な課題となって顕在化した時代でもある。

「窓口一本化」問題や「美濃部《みのべ》都知事三選」問題をはじめとする同和行政のあり方をめぐる攻防、同和対策事業の受給資格にかかわる「属地・属人」問題や「国籍条項」をめぐる攻防、矢田教育差別事件や八鹿高校差別教育事件などをはじめとする「部落問題認識」と「糾弾権」をめぐる攻防、「最低賃金制」や「前歴換算制」などの差別労働制度改革をめぐる攻防、マスコミや文学作品などの「差別語」をめぐる攻防、さらには、「生活保護制度」や「戸籍制度」の改革論議など多岐にわたる。これらの問題所在は、次章で詳細に検証することにするが、まさに、日本社会のあり方を根本から揺さぶる問題提起であった。名実ともに「疾風怒濤」の時代といえるものであった。

◉新たな可能性への萌芽と歴史の不幸

とりわけ、日本共産党との長期にわたる激烈な攻防は、自称「前衛党」と大衆団体との対立としては、国際的な共産主義運動においても異例の事態であった。政治運動と社会運動のあり方が真剣に問い直されなければならない事態であり、傲慢な前衛党意識や分裂・排除主義的なセクト主義的行為の弊害などは、今日なお克服しきれていない深刻な課題である。

同時に、それらの論争・対立は、日本社会の真の民主的改革を実体化する政策的柱である「形式的平等から実質的平等へ」の実現をいかに政策化していくか、そのために何が必要なのかを問いかけており、それを担う政治・社会運動のあり様にかかわって多くの貴重な論点と新たな日本社会変革への現実的な可能性の萌芽を有していたことを、決して見落としてはならない。

しかし、その「新たな可能性」は深く論究されることなく、共産党との不毛な諸対立の消耗戦のなかで花開くことはなかった。今日時点で真摯に乗り越え、再生しなければならない日本の政治・社会運動の歴史的不幸でもあった。

第11章　部落解放運動が胎蔵していた社会変革への可能性と限界

1　「窓口一本化」をめぐる日本共産党との激突

◉同和対策事業と運動体との関係における「三つの方式」（岡山・大阪・京都）

一九七〇年代から同和行政が全国的に展開されはじめると、同和対策事業と運動体との関係において、各地での歴史的条件を反映しながら、大きくいって「三つの方式」が存在したといわれる。

第一は、岡山方式である。これは、運動体が要求闘争で勝ち取った同和対策事業は、運動体が管理・分配する方式であり、融和主義や行政側の分断を遮断するねらいがあった。全国的にみれば、この方式が多数を占めた。

第二は、大阪方式である。運動体が勝ち取った同和事業を、地区内の各種団体や地区精通者で構成する第三者機関である「同和事業促進協議会」（同促協）が管理・分配するやり方である。要求は民間任意団体である運動体がおこなうが、事業の管理・分配は公益法人である「同促協」（一種の地区内議会）がおこなう方式であり、「公」的事業を「公正の場におく」という考え方である。もちろん、同促協の主導権は部落解放同盟が握っていた。

第三は、京都方式である。要求は運動体がおこない、事業の管理・分配は行政主体でおこない、問題があれば運動体が行政に抗議するというやり方である。運動体が事業にかかわれば腐敗・堕落が生じる危険があることへの予防的措置であった。

いずれの方式も一長一短があることは事実だが、戦前の融和事業のやり方を否定して、それぞれの置かれている条件のもとで、「公」的事業である同和対策事業を民間主導で民主的に管理・分配しようとする先駆的取り組みであった。

さらに忘れてはならないのは、渡辺俊雄の次の指摘である。

「全国水平社は、融和事業完成一〇カ年計画を批判するなかで、その反動的な意図を暴露するだけにとどまらず、「差別迫害によって突落された部落を改良する一切の経費を部落大衆自身の手に渡せ、全額国庫負担によって部落大衆の生活と部落の状態を完全に賠償せよの原則的主張」を対置していた。そして具体的には、「改善費の分配や交付の全権を部落代表者会議に一任せよ」と、直接に全国水平社によるのではなくて「部落代表者会議」という第三者の機関による民主的管理を主張していたのである。また、一九四六年二月に結成された全国委員会の「行動綱領」の第二項には、「部落厚生施設の徹底的実施とその事業施設の部落解放全国委員会による管理」という、いわば運動団体による自主的管理の要求さえかかげていたことは特筆すべきであろう」(〈研究ノート〉「大阪府同和事業促進協議会と大阪の部落解放運動略史」)

この指摘は重要である。部落解放運動は、全国水平社、部落解放全国委員会、部落解放同盟と続く歴史のなかで、一貫して同和事業・施設に対する当事者主導の民主的管理・分配を主張し、官(行政)主導のあり方を批判してきたのである。このことは、今日段階においてとりわけ高く評価されるべきであるし、あらためて想起される必要がある。

◉「窓口一本化」をめぐる論争と闘い——形式的法治論理と社会変革論理の対峙

この同和対策事業を民間主導で管理・分配するというやり方が、「窓口一本化」というかたちで表現された。実質的には部落解放同盟への「窓口一本化」であり、現時点からみるとその方法論には不十分点や洗練されていない部分もあることは事実である。しかし、岡山・大阪・京都でのそれぞれのやり方は、水平社時代からの長い経験の延長線上にあった。その意味では、地域住民の声を代表する部落解放同盟の意向を無視した同和行政はありえないという不文律の関係を築いていた。それは、同対審答申の「同和問題の根本的解決を目標とする行政の方向としては、地区住民の自発的意志に基づく自主的運動と緊密な調和を保ち」という流れとも軌を一にしていた。

しかし、この「窓口一本化」のやり方に、共産党系の人たちが異を唱えはじめた。一九七〇年一〇月一六日に、正常化連・岡映《おかあきら》議長らが、山中貞則《やまなかさだのり》総理府長官に「窓口一本化」反対、民主的公正な同和行政を要望したのである。「窓口一本化」については、一九六〇年代まで「民主的管理・分配」の実践として高く評価していた共産党系の論調が一変したのである。これは、部落解放同盟からの離脱をはかり分裂組織を作った暁にはそこにも同和行政の窓口を開けという邪《よこしま》な意図からの要望であり主張であった。ちなみに、部落解放同盟が、正常化連の岡議長らを除名したのは一九七〇年一二月六日のことであった。それ以降、共産党系の人たちは、各地で行政を相手取って「窓口一本化」反対の訴訟を次から次へ起こしていった。

とりわけ、一九七四年の大阪府羽曳野《はびきの》市闘争は、一月から一二月にかけての大規模で激烈な闘いとなった。この闘いは、前年四月に誕生した共産党員の津田市長が「窓口一本化」を否定し、建設された同和向け公営住宅一〇〇戸の入居において七四年一月に公募を強行したことに端を発したものであった。一二月の入居時には、市庁舎前で部落解放同盟五〇〇〇人、共産党系五〇〇〇人が対峙するもとで、機動隊に守られて深夜に入居するという異常事態となった。その後、津田市長のもとでは同和事業は実施されない状況が続いたが、一九八六年四月に福谷市長が誕生し府同促方式に復帰し、同和対策事業が再開された。地元の向野《むかいの》支部は、この一二年間自力自闘の闘いを継続し、苦難を乗り越えた。この経験は、いまも支部活動の作風として息づいている。

一九六〇年段階で奈良本辰也が指摘していたように、「行政闘争の強化の必要性」とともに「同和行政を公正の場におく」ことは重要である。しかし、「窓口一本化」反対の訴訟の論理は、「公正の場」を実現する方途として、実質的平等を求める民主的改革の政治・社会運動の論理を放棄し、形式的平等に依拠した現行法治主義の論理に委ねたものであり、体制内論理のなかに身を沈めたものであった。共産党は、「前衛党」から「体制内政党」に完全変質し、票集めのためには何でもする議会主義路線をひた走ることになった。

「窓口一本化」裁判の結果は、概して岡山方式については総崩れとなった。「行政の公平性」からみて、任意の民間団体である部落解放同盟に「窓口一本化」するのは違法であり、関係者に公平に窓口を開くべきだとした。現行法のもとでは予想された司法判断であった。

ただ、大阪方式は和解判決となった。同促協が法人格を有しており、構成員が部落解放同盟だけでなく地区内の各種団体の代表や行政関係者で構成されていたからである。したがって、和解判決は、同促協方式を否定することはできず、同促協構成員に共産党系の正常化連（のちの全国部落解放運動連合会／全解連）や自民党系の全日本同和会の代表などを加えることを提示した。あわせて、同和行政をめぐる交渉団体としてもそれらの団体を認めることとなったのである。妥協的ではあるが、同促協方式は維持されたのである。

大阪における同促協方式は、同促協と部落解放同盟との運動的・組織的確執の時代を乗り越え整理されていった歴史を有しており、その歴史も多くの教訓に富んだものである。とりわけ、一九六〇年代における松田喜一・住田利雄《すみだとしお》ら重鎮の同促派とこれを批判する大賀正行《おおがまさゆき》を中心とする若手活動家の同盟派との「同促協」論争は、今日的にみても興味深い内容を有しているが、紙面の関係で割愛せざるをえない。ここでは、官民協働の同促協方式は、未熟で不十分点も多々あるが、本来的な「公」のあり方の先駆的事例であったことに注意を促しておきたい。

◉要求闘争の意義と闘う主体構築の重要性

窓口一本化問題が焦点化しつつあったこの時期、部落解放運動が繰り返し強調したのは、要求闘争の意義についてである。「三つの命題」を整理して提起した部落解放同盟第二六回全国大会（一九七一年三月一日〜二日／京都市）において、行政闘争の基底をなす「要求闘争の意義」について、次のように提起した。

「要求闘争は、たんに部分的な要求をたたかいとることだけが目的ではなく、その闘争の過程で大衆を教育する学校の役割をはたすのである。すなわち、大衆を自らの経験によって学ばせ、あるいは理論の学習をおこない、そうすることによって大衆の意識を高め、意識を改造していかねばならない。だから要求闘争は、部落を完全に解放するという同盟の目的からいえば、その段階に達するための一歩一歩であり、目的のための手段である」

ここでは、要求闘争が功利主義に陥ることなく、部落の完全解放へむけて闘う主体の構築を目的とした「闘争の過程で大衆を教育する学校の役割」をになう重要性が強調されている。

同和事業・施設の民主的管理・分配を意味する「窓口一本化」が功を奏するかどうかは、大衆運動が民主的に訓練され、民主的手続きに習熟しているかどうかにかかっているからこそ、「要求闘争の意義」が強調され、完全解放への具体的なプロセスが大衆的に共有される必要性が重視されたのである。

このころ、運動体のなかでよく言われたのは、「闘わざる者、取るべからず」であった。要求闘争の意義から導かれたきわめて自然な闘いのスローガンであった。だが、気をつけなければならないのは、闘いに参加したくてもいろいろな事情で参加できない人たちを結果として排除する論理として機能しなかったかということである。「知恵ある者は知恵を出し、金ある者は金を出し、力ある者は力を出す」という言葉があるように、闘いへの参加の仕方は多様であるという柔軟な姿勢と仕組みから、これからの社会的包摂の論理のなかでどのように運動論的に組み立て直すか検討が求められるだろう。

◉行政闘争は客観的には構造改革路線の部落版（闘いの経験知による独自論理）

師岡佑行が「部落解放運動のなかでは行政闘争ひとつ取りあげても、革命と改良、権力と自治、階級的自覚等、多くの問題が実践と結びついて長年にわたって論ぜられてきており、これ自身が日本の構造改革論の宝庫であった」（『戦後部落解放論争史』）と指摘している。まさに、部落解放運動の行政闘争・要求闘争は、客観的には構造改革路線の部落版であったといえる。

ただし、明確にしておかなければならないのは、部落解放運動が「構造改革路線」を単純に物まねしたのではなく、水平社以来の闘いの経験知から導き出した独自の闘い方が、結果として構造改革論的な闘いの論理と通底していたということである。

行政闘争・要求闘争を通じて、差別行政を糾《ただ》し、闘いの成果として勝ち取った同和対策事業・施設を社会的資源（社会的富）として当事者主権のもとに民主的に運営・管理・分配していく取り組みを通じて、法制度を含めた社会構造を民主的に改革していくというのが、部落解放運動の基本的な闘い方であった。この闘い方が、構造改革論と軌を一にしていたということである。

問題は、部落解放運動総体においてこの「基本的な闘い方」が共有され浸透していたかというと、「否」と言わざるをえない状態であった。部落解放同盟の組織状況が、「特措法支部」といわれた一九七〇年代以降に結成された支部が多く、闘いの経験が未熟で理論学習などの訓練もされておらず、主体構築に遅れがみられたという事情もあったからである。さらに、共産党との激烈な対立や同和対策事業の消化に追い回される事態が、主体構築の遅れという事情に拍車をかけた。このことが、その後の組織矛盾・組織問題を引き起こしていく遠因にもなっていた。

思うに、欧米では、一九五〇年代に提起された構造改革路線が、各国のそれぞれの政治経済条件のもとで試行錯誤されながら、独自な発展を遂げて豊かな内容を創造・模索しつつ今日にいたっている。残念だが、日本では政党レベルで一九六〇年代に「修正主義」として荒唐無稽に葬り去られ、古色蒼然《こしょくそうぜん》とした「五五年体制」が一九九〇年代にいたるまで支配的であり、部落解放同盟の主体構築の遅れもあいまって、部落解放運動の先駆的な闘いが後景に押しやられてしまった感が否めないのである。

2「糾弾」をめぐる司法権力との攻防

◉糾弾を「脅迫・暴力」視した戦前・戦後の政治動向

糾弾闘争は、水平社以来の部落解放運動の基本的闘争形態である。行政闘争とあわせてそれは今日でも変わらない。

一八七一（明治四）年に太政官《だじょうかん》布告（「解放令」・賤民廃止令）が出されたが、これに対する「解放令反対一揆《いっき》」が一一府県二一回にわたって大規模に起こったり、「五万日の日延べ」がまことしやかに吹聴《ふいちょう》されたことに象徴されるように、部落差別の社会的容認状態は変わらなかった。

それから五〇年の時間を経た一九二二年に、これ以上泣き寝入りしているわけにはいかないと、政府や行政に頼ることなく自らの力で部落差別を撤廃するという自主解放の旗を掲げ、全国水平社は結成された。

そして決議の第一項に「吾々《われわれ》に対し穢多《えた》及び特殊部落民等の言行によって侮辱の意志を表示したる時は徹底的糺弾《きゅうだん》を為《な》す」とうたいあげた。水平社運動の初期には、年間一〇〇〇件前後の差別事件糾弾闘争が闘われ、燎原《りょうげん》の火のごとく水平社運動は拡大していった。

しかし、糾弾闘争は、平易な道を歩んだわけではない。奈良県水国《すいこく》争闘事件（一九二三年）や群馬県世良田《せらだ》村事件（一九二五年）などにみられるように、部落差別事件への糾弾闘争に公然と武力反撃をおこなう事態が現出した。「解放令反対一揆」と同質である。とりわけ、水国争闘事件以後は、国・警察権力が「糾弾取締り」を指令し、水平社の糾弾を封じ込める姿勢を示した。さらに、軍隊内で頻発する差別事件に抗するために、福岡の井元麟之らが中心となり部落出身者による「兵卒同盟」を極秘裏に組織して差別事件があると水平社に通報し、水平社が福岡連隊差別事件糾弾闘争を敢行した。この動きに対し、一九二六年に軍部は「福岡連隊爆破陰謀事件」をでっち上げ、指導者の松本治一郎らを投獄した。

このように、糾弾闘争は、さまざまな困難にぶち当たりながらも、まさに命をかけて「人間の尊厳」を守るために継続されてきた。この状態は、戦後においても大きく変わることはなかった。戦前からの治安当局による「糾弾は脅迫・暴力行為」との宣伝は社会に浸透させられており、糾弾権の社会的認知を勝ち取ることは至難の業であった。

◉「糾弾」の社会的認知への道筋をつけた同対審答申とその後の過程

この状況に変化をもたらしはじめたのは、一九六五年の同和対策審議会答申であった。「「差別事象」に対する法的規制が不十分であるため、……「差別」それ自体が重大な社会悪であることを看過する結果となっている」として、「差別に対する法的規制、差別から保護するための必要な立法措置を講じ、司法的に救済する道を拡大すること」という方向性を提示した。

その後、糾弾闘争をめぐって争われた司法判断に変化が起こりはじめ、糾弾闘争の「正当性」、「社会的認知」、「自救的行為」という認識が司法的に確立していくことになる。だが、これらの裁判闘争の多くが、日本共産党との熾烈な対立のなかで派生し、共産党系が告訴するかたちでなされたことは、歴史の悲劇であったともいえる。

糾弾の正当性にはじめて言及したのは、一九七二年の「小松島差別不当弾圧事件に関する徳島簡裁判決」である。そこでは、「その差別内容が健全な社会通念に照らし差別と肯定できる行為であって、かつ糾弾追及等の方法もまた社会一般が妥当として許容できる方法で行われるときは、労働組合法第一条第二項のような規定をまつまでもなく、正当行為として保護されるべきと解する」とした。

糾弾の社会的認知を表明したのは、一九七五年の「矢田教育差別事件に関する大阪地裁判決」である。そこでは、「差別というものに対する法的救済には一定の限界があり、その範囲が狭く、多くの場合泣き寝入りとなっている現状に照らすと、差別に対する糾弾ということも、その手段、方法が相当と認められる程度をこえないものである限り、社会的に認められて然《しか》るべきものと考える」とした。

糾弾は自救的行為であるとしたのは、一九八八年の「八鹿高校差別教育事件に関する大阪高裁判決」である。そこでは、「この糾弾は、もとより実定法上認められた権利ではないが、憲法第一四条の平等の原理を実質的に実効あらしめる一種の自救行為として是認できる余地があるし、また、それは、差別に対する人間としての堪えがたい情念から発するものであるだけに、かなりの厳しさを帯有することも許されるものと考える」との判断を示した。

●矢田教育差別事件に対する司法判断の変遷と国家意志の反動化

ただ、矢田教育差別事件糾弾闘争において、司法判断が変遷したこともみておく必要がある。

差別文書を配布した共産党系の教師たち三人が解放同盟役員四人を「逮捕監禁罪ならびに強要

未遂罪」で告訴したが、一九七五年に大阪地裁は、問題となった組合役員立候補の木下挨拶状を「差別的な内容をもつ文書」として認定し、糾弾権の社会的認知論にもとづき無罪判決をおこなった。前述の判決のとおりである。

しかし、一九八一年に大阪高裁は、矢田支部長一人に対して逆転有罪判決（懲役三月、執行猶予一年）をおこなった。そこで争われたのは、「可罰的違法性阻却論」（形式上は罪にあたるが、実質的には罪にあたるような違法性はないとする法理）である。この法理は、労働運動や社会運動などにおいて、社会的正義を実現するための行動が違法性に問われた裁判において、無実の根拠となる法理として浸透してきていたものである。

しかし、検察側の控訴趣意書は、この可罰的違法性阻却論を真っ向から否定する論理で貫かれ、最高裁でも全逓《ぜんてい》の猿払《さるふつ》事件判決などにみられるようにこの法理を認めない方向だと主張して、有罪を求めた。

そして、大阪高裁の判決は、挨拶状を差別文書とした地裁判決を認めたうえで、「原判決も指摘するとおり、差別というものに対する法的救済には実際上限界があることにかんがみると、被差別者は、法的手段をとることなく、みずから直接、差別者に対しその見解の説明と自己批判とを求めることが許されよう。それが糾弾と名づけられるか否かは格別、人間として差別に対し堪え難い情念を抱く以上、法的秩序に照らし相当と認められる程度を超えない手段、方法による限り、かなりの厳しさを帯有することも是認されよう」とした。これは、木下挨拶状の差別性と糾弾の正当性を認知したものとして、大きな意義をもつものであった。

にもかかわらず、矢田支部がおこなった糾弾集会は、「本件被告等の行為の動機、目的の正当性を十分に考慮に入れても、その手段・方法が法的秩序に照らし相当と認められる程度を明らかに超えたものというべく、……糾弾集会という形の糾弾は……いきおい過酷となり、も早私的制裁の域に入るのであり、法の到底容認し得ないところである」として、有罪判決をおこなったのである。

この有罪判決に対してただちに上告をおこなったが、一九八二年三月に最高裁は上告を棄却し、大阪高裁判決が確定した。最高裁に対して、山上益朗・松本健男・桜井《さくらい》健雄《たけお》・上野《うえの》勝《まさる》弁護士が提出した上告趣意書は、当時の糾弾権にかかわっての法理論を高い水準で展開しており、運動的にも貴重である。

この大阪高裁の鵺《ぬえ》的判決の問題点は、検察側が主張した可罰的違法性阻却論否定の論理を受け入れ、有罪判決をおこなったことである。すなわち、一九七〇年代に盛り上がりをみせていた労働運動、反公害運動、部落解放運動などの社会正義にもとづく社会変革を求める社会運動を現行法治主義の枠内に抑え込もうとする国家の反動的意思の表明であったということである。社会運動内の対立において共産党の一連の告訴行為が、国家の反動的意思を側面援護していたともいえる。この流れが、一九八〇年代半ばからの中曽根内閣の「戦後政治の総決算」という新自由主義路線へとつながっていく。

◉抵抗権としての「糾弾」闘争の堅持と洗練化

最近、「コンプライアンス（法令順守）」、「CSR（企業の社会的責任）」、「法治主義」ということがよく言われる。経済のグローバル化にともない、企業が私的利益追求に走り、人権無視・環境破壊・腐敗などの悪徳行為が頻発化する状況で強調されてきた言葉である。これ自身は悪いことではないし、もっと深められなければならない。

同時に考えなければならないことは、時々の法制度が常に正しいのかということである。不条理な法規範や社会的価値観に対しては、異議申し立てをおこない、抵抗し改革する必要がある。「異議申し立て権」、「抵抗権」が担保される必要がある。差別に対する糾弾権は、この異議申し立て権であり、抵抗権である。

世界人権宣言は、その異議申し立て権・抵抗権を、第二九条において、次のように担保している。国際文書であるために、婉曲《えんきょく》な言い回しであるが抵抗権の規定である。

「1　すべて人は、その人格の自由かつ完全な発展がその中にあってのみ可能である社会に対して義務を負う。

2　すべて人は、自己の権利及び自由を行使するに当っては、他人の権利及び自由の正当な承認及び尊重を保障すること並びに民主的社会における道徳、公の秩序及び一般の福祉の正当な要求を満たすことをもっぱら目的として法律によって定められた制限にのみ服する。」

すべての人は、世界人権宣言が想定するような「社会」や「法律」に対してのみ義務を負うが、そうでない社会や法律に対しては「抵抗する権利」があることを示唆しているのである。端的にいえば、民主的な社会や民主的な法律にしていくためには、「不断の努力」が必要であり、「おかしいことにはおかしい」とはっきりと異議申し立てをおこない、抵抗権を発揮しなければならないのである。これこそが、すべての人が負うべき義務であり、権利だということである。

「法律で決まっていることだから従うべきだ」という無条件・絶対的な法治主義の姿勢は、ナチズムが次々と法改悪をおこないながら「合法的」に全体主義的独裁やホロコーストを実行していった歴史の悲劇から何も学ばないことを意味する。部落解放運動は、法治主義を全面否定するわけではなく基本的には承認するが、決して「悪の凡庸」（ハンナ・アーレント）に身を委ねることはしないということである。それは、水平社が戦争協力をおこなったという痛恨の歴史に対する猛省でもある。

部落解放運動は、この精神を大事にし、糾弾闘争を堅持し、その方法・手段を社会の発展に応じて社会的合意を勝ち取りながら洗練させていくことが不可欠である。

3　糾弾闘争による共同闘争の拡大

◉糾弾闘争が闘いの輪を拡大

部落解放運動は、これまで幾多の差別事件糾弾闘争を闘ってきた。糾弾闘争の目的は、差別の非合理性・不当性への抗議であり、差別の双方悲劇性への理解であり、差別撤廃への共感・共鳴の創出であり、人権社会確立への協働行動の実践である。そのような目的を達成できた糾弾は成功であるが、そうでない場合は失敗である。失敗例がなかったわけではないが、多くの場合、糾弾闘争を通じて共同闘争を拡大してきたことも事実である。

差別とたたかう文化会議（一九七五年／言論界）、部落解放中央共闘会議（一九七五年／労働界）、同和問題企業連絡会（一九七八年／経済界）、「同和問題」にとりくむ宗教教団連帯会議（一九八一年／宗教界）、人権マスコミ懇話会（一九八四年／メディア界）などは、差別事件の糾弾を通して拡大してきた共闘団体であり、今日においても部落解放運動の大きな支えであり、人権社会確立への確かな力となっている。

今日の第三期部落解放運動は、このような共闘団体を基盤として「共同闘争主導の時代」として展開されているのである。

◉同企連・同宗連の結成は共同闘争の新たな局面

部落解放運動史上、企業界や宗教界との大規模な共同闘争の態勢を確立したことは、反差別・人権確立を軸とする日本社会の民主的改革を現実的に進めるうえで、従来の共同闘争ではみられなかった広がりと深みをもたせる大きな意味をもっている。

一九七五年に発覚した「部落地名総鑑」差別事件は、根強い日本社会の差別体質を露呈した事件であり、国会のなかでも大論議がおこなわれ、部落解放同盟は総力を挙げて購入企業（ほとんどが日本を代表する大企業）に対する糾弾闘争を展開し、経済界に対して大きな衝撃を与えた。その結果、一九七八年に大阪で同和問題企業連絡会（同企連）が結成されたのを皮切りに東京など各地で結成されていき、全国同企連として成長していった。

一九七九年、アメリカのプリンストンで開催された「第三回世界宗教者平和会議」（ＷＣＲＰⅢ）でなされた曹洞宗・町田宗夫宗務総長（全日本仏教会理事長）差別発言に対する糾弾闘争は、世界宗教者平和会議日本委員会、全日本仏教会、曹洞宗を中心的な対象としておこなわれた。この糾弾闘争のなかで、差別墓石・差別戒名などにみられる宗教界の差別体質が厳しく問われ、一九八一年に日本の宗教教団をほぼ網羅する「同和問題」にとりくむ宗教教団連帯会議（同宗連）が結成された。六三教団三連合体が結集する一大組織となった。

これまで日本社会に大きな影響力をもつとともに保守政治勢力の強力な支持基盤であった経済

界・宗教界が、部落解放同盟の糾弾を受けて、差別撤廃・人権確立の取り組みの陣営に参入してきたことは、日本社会にとって大きな画期であった。この動きは、保守政治勢力に驚愕《きょうがく》をもたらし「静かなる震撼《しんかん》」を引き起こしたといってもよい。

それは、一九八〇年代半ばからの「部落解放基本法」制定運動をめぐって顕著になってくる。部落解放基本法制定要求中央実行委員会の有力な構成員になった「同企連」「同宗連」は、これまでつながりの強かった自民党議員へも要請活動を果敢に展開し、議員個人の賛同署名を多数獲得した。一時は、部落解放基本法制定要求への国会議員の賛同署名が衆参各院で過半数に達するという状況をつくりだした。党議拘束の障壁や署名した議員の真意が本物であったかなどの問題のために、実際には「基本法」の制定は実現しなかった。しかし、この事態の出現は、政府与党にとって無視できない動向であったことは事実である。日本社会が徐々にではあるが変わろうとしていく確かな徴候であったといえる。

4　高度経済成長路線の枠組み内における同和行政と部落解放運動の位置

◉部落解放国策樹立運動を受容した高度経済成長

一九六八年の段階でGNP（国民総生産）がアメリカに次ぐ世界第二位に躍進し、翌年の一二月二七日の総選挙でも大勝した自民党は、高度経済成長路線（「社会開発構想」「福祉国家形成論」＝「力の対決による政治」路線から「社会的配慮による経済重視」路線）に自信を深めていた。

この高度経済成長路線は、部落解放運動が要求してきた国策樹立や同対審答申以降の行政闘争による経済・福祉などの諸要求を政府与党が政策内に受容し呑《の》み込《こ》んでいく条件を整備し、その結果としてこれらの諸要求が実現した側面があることは否めない。

しかし、この側面のみをみて、部落解放運動が「高度経済成長に呑み込まれた」とか「国家の管理支配のもとに屈服した」とかと評価するのは、間違いである。これは、国家権力に対する過大評価からくる皮相的な見解である。近代国家権力は、独裁的側面と民主主義的側面の二面性をもっている。独裁的側面を抑え民主主義的側面を引き出すことができるかどうかは、人民の民主主義運動の力にかかっている。

部落解放運動の行政闘争が、国策樹立や同和行政を求めた強力な闘いをおこなってきたからこそ、政府与党を民主主義的要求へ妥協せざるをえないところに追い込んだという側面をみておかなければならない。そのような闘いこそが、現実的な社会変革の道につながるのであり、民主主義運動としての部落解放運動の醍醐味《だいごみ》である。

◉部落解放運動の苦悶と苦闘（国家管理と人民主体のヘゲモニー抗争）

大阪市立大学の教授であり哲学者であった森信成《もりのぶしげ》（故人）は、国家権力の二面性と民主主義運動の課題について次のように指摘している。「国家というものは、社会に住んでいる人間に共通な共同の利益に関係しているものを、全部国家の手に吸収してしまいます」。「国家はみたところ国民のためにあるかのように見えるけれども、実際はそれが完全に国民から切り離され、特定の階級のための道具になってしまっています。そして、人民が政治的に無力であればあるほど、ますますこの国家は強大な力を持ってきます」。「この場合、国家の特質というものは暴力にあります。身分制度とか、財産的な特権とかいうものは、本来不合理なものですから、その不合理なものを維持してゆこうと思えば、やはり暴力なしにはやっていけないのです。これが、ふつう国家における独裁的な側面といわれるものです。すなわち、暴力機構です」。「したがってこの暴力機構を徹底的になくすことによって、国家に吸収された人民の本質、社会の共同利益を人民の手に取りかえす運動が民主主義運動なのです」（『唯物論哲学入門』新泉社、一九七二年）。

この視点は、部落解放運動にとって重要である。国家権力のもつ二面性を常に念頭に置き、国家権力を過大評価したり過小評価することなく、彼我の力関係を見極めながら、不断に民主主義的変革の可能性を追求し、社会変革への実践的課題を提示する必要がある。別言すれば、あらゆる社会運動、社会政策は、国家管理（独裁的側面）と人民主体のヘゲモニー（民主主義的側面）との抗争という緊張状態のもとにあるといえる。部落解放運動の苦悩と苦闘もその緊張状態のもとで生み出されている。

◉社会運動としての部落解放運動が示した可能性と限界（先駆性と未熟性）

部落解放運動における行政闘争は、「社会の共同利益を人民の手に取りかえす運動」であった。水平社時代には、政府の「融和事業完成一〇カ年計画」に対峙して「改善費の分配や交付の全権を部落代表者会議に一任せよ」と要求し、部落解放全国委員会時代には「部落厚生施設の徹底的実施とその事業施設の部落解放委員会による管理」を要求し、部落解放同盟時代には「当事者主権による同和対策施設及び事業の民主的管理・分配」を要求し実践してきた時期があったのである。今日、社会運動の新たな方向として、社会的富（コモン）を「市民営」化によって人民の民主的管理・分配のシステムのもとに置こうという動きが提唱されているが、部落解放運動はその先駆的役割を果たしてきていたことを想起しなければならない。

糾弾闘争にしても、然りである。「人格の自由かつ完全な発展を可能にする民主社会」（世界人権宣言）を建設するために、差別という不条理に対して異議申し立てをおこない、抵抗権を行使してきているのである。「差別に対する告発なしに人権が確立された歴史はない」ことは動かしがたい事実であり、糾弾闘争はその役割を担いつづけているのである。

部落解放運動は、日本社会を民主社会・人権確立社会に変革していくために、大きな意義と役割を果たし、さらなる変革への可能性を胎蔵していることを再認識する必要がある。

同時に、その先駆性と可能性が大衆運動として十分に顕現化しなかったのはなぜだろうかということを考えておく必要がある。結論的にいえば、先駆性と可能性を志向する運動的理念と生活現場をかかえる大衆運動の現実とのあいだには大きな「落差」「乖離《かいり》」が存在していたということである。部落解放運動総体としては、先駆性・可能性を現実化していく力量が未成熟であったといえる。しかし、少なくない各地においては「自分たちのことは自分たちで決める」という当事者主権を軸とした「参加・自治・管理」をキーワードとした民主主義的な取り組みが継続していることも事実である。もちろん、それは試行錯誤の未熟な途上でもあり、「成長への病」との真摯な苦闘が継続している。

5　同和事業をめぐる利害対立と組織問題の頻発

◉路線対立から利害対立への組織問題の質的転換

一九七〇年代半ばごろまでの組織問題といえば、その多くが日本共産党との対立を中心とした路線対立から生じたものであった。しかし、それ以降は同和行政の進展とあいまって、同盟組織が急速に拡大していくなかで同和事業をめぐる利害対立からくる組織問題が頻発しはじめた。組織問題における質的転換が起こったといえる。

部落解放同盟第三〇回全国大会（一九七五年）からは、運動方針のなかで「組織強化」にかかわる記述が多くなってくる。

第三〇回全国大会では、「部落解放運動の成果としてかちとった「同和」予算は、部落解放の行政の基本原則、「同和」事業執行の基本方針にもとづき、解放同盟とたたかう部落大衆によって正しく民主的に管理運営されなければならない」として、「幹部請け負い」や「物取り主義」的傾向を批判し、「組織内民主主義」の確立を強調した。

ちなみに、第三〇回全国大会では、朝田善之助委員長から松井《まつい》久吉《ひさきち》委員長へと交代し、松井委員長・上杉《うえすぎ》佐一郎《さいちろう》書記長の新体制になった。この朝田委員長交代の背景には、部落解放運動のあり方をめぐって対立した京都府連の組織問題があり、この問題とも絡み合いながら一九七四年秋から翌年にかけて生じていた大阪の浪速《なにわ》支部の組織問題も存在していた。このような状況のなかで、一九七五年四月段階で中央本部の専従役員や事務局員が総引き上げするという事態が起こり、中央本部は機能不全に陥った。私事になるが、この困難時に筆者は中央本部の事務局に入ることになった。何の引き継ぎもなされず、しばらくの期間、一人で中央本部業務をこなすことになり、毎日深夜まで悪戦苦闘をしていたことを思い出す。

このような状態のもとで第三〇回全国大会は開催され、委員長交代とともに新中執が増強された。前年の大会で、大賀正行（大阪）、駒井昭雄《こまいあきお》（京都）が若手中執として登用されていたが、さらにこの大会で、川本竜子《かわもとりゅうこ》（大阪）、井本武美《いもとたけみ》（京都）、若林芳夫《わかばやしよしお》（東京）、野本勝彦《のもとかつひこ》（埼玉）、羽《は》音豊《おとゆたか》（福岡）が新中執になった。

とりわけ、川本は、初の女性中執であった。ただし、川本は二期二年だけ、第三三回全国大会（一九七八年）から高知の森田益子《もりたますこ》が中執になる。しかし、これも二期二年だけで、その後は一九九〇年の第四七回全国大会で特別中央執行委員（非選挙の特別枠）として北山俊乃《きたやまとしの》（京都）と花岡《はなおか》一江《かずえ》（広島）が選出されるまで一〇年間途切れてしまった。

さらに、組織強化を訴えた第三〇回全国大会方針は、なかなか支部組織にまで浸透することなく、個人や支部段階だけではなく、時には都府県連段階にいたるまでの組織問題も惹起する事態が現出した。

一九七七年三月に開催された第三二回全国大会では、運動方針などは採択したが、中央執行部全員が再任を辞退するという異常事態になった。再任辞退の理由は、組織矛盾が頻発しているもとでの地方分散主義的な現行の中央執行体制では、問題解決への指導力に責任がもてないというものであった。三月二八日の中央委員会で発表された中央執行委員会名による「全同盟員に対するアピール――第三二回全国大会を終えて」をふまえて、都府県連段階での二カ月間に及ぶ議論を経て、民主集中的な中央執行部の指導性に全都府県連が協力するという確認のもとで、五月二四日に継続大会がもたれ、中央執行部全員が再任された。もちろん、組織問題は山積したままであった。

日本社会を揺り動かした「狭山」「特措法」「地名総鑑」の三大闘争に組織の全力を傾注しつつ、中央幹部はもちろんのこと都府県連幹部も含めて「水膨れ現象」による組織問題に対処するために東奔西走しなければならない状態であった。

◉「組織なき組織」から同盟員登録運動へ——その成果と問題点の顕現化

「組織なき組織」とは、水平社時代以来一貫して言われてきた部落解放運動の組織的特徴である。すなわち、核となる活動家はいても、はっきりと登録された同盟員はおらず、何かの闘争や取り組みがあるときに運動体や活動家の呼びかけに応えて参加してくる人が、同盟員とみなされていた。大衆運動としては、ある意味で自然発生的なおもしろい形態であったということもできる。

その「組織なき組織」の状態を克服しようと七〇年代くらいからしきりに「個人登録制」というかけ声が運動方針に登場するようになる。本格的に「個人登録制」に踏み切ったのは、一九七八年からである。同年の第三三回全国大会の方針を受けて、七月一四日の中央委員会で「同盟員の質的強化・発展のために、同盟員の再登録運動を断固実施する方針」を採択し、「加盟登録規定」など実務的な準備が進められた。そこには、同和対策事業の個人施策の対象者認定や似非《えせ》同和団体の跋扈《ばっこ》などに対処する必要もあったなどの事情も存在していた。

とりわけ、似非同和団体は、商法改正の動きや暴力団対策が強化されるなどの状況のもとで、総会屋・右翼・暴力団関係者が、法の網をかいくぐって企業などからの利権を求めるために、有名無実の「同和団体」を名乗ったもので、それらの団体・個人が金銭強要や融資強要などをおこなう似非同和行為が横行しはじめていた。一九八〇年前後だけでも一〇〇団体以上が確認されていた。

◉一九八二年に初の中央役員選挙制を導入

その後、毎年、全国大会前に同盟員登録数が確定され、同盟費や全国大会代議員選出の基準となっていく。そして、水平社創立六〇周年にあたる一九八二年の第三七回全国大会（一〇月開催）から中央執行委員会構成役員の選挙制が導入されることになる。水平社以来、六〇年の時間を経てはじめて中央役員が選挙によって選ばれるという民主的手法が確立した。それ以降、都府県連・支部段階でも役員選挙制が徐々に導入されていくようになった。

ちなみに、同盟員登録における最大登録数は、一九八〇年代半ばであり、三九都府県連二三〇

○余支部、一八万人近い同盟員数であった。そのころ「二五万同盟組織の建設」をめざしたが、それ以降は徐々に減少傾向に入っていき、二〇〇二年の「特別措置法」の失効と二〇〇六年の一連の部落解放同盟の不祥事が同盟員減少傾向に拍車をかけた。

◉女性・青年が排除された家父長制的家思想の弊害

この「同盟員再登録運動」は、組織建設にむけての基礎資料をつくり出していったが、同時に部落解放同盟の組織体質の弱点も明確にさらけ出した。とりわけ、個人登録が基本方針であったにもかかわらず、世帯主登録という段階にとどまる支部が多々存在し、家父長制的家意識から脱却できず、女性や青年が組織登録から排除されているという組織実態が浮かびあがった。だからといって、女性や青年が運動から排除されていたわけではなく、日常活動は女性や青年が担っていたのが実情であった。運動の実態を担いながらも、組織の意思決定の機関には参加できていないという憂うべき組織実態であった。

部落解放同盟が部落差別の存続根拠の大きなひとつとして批判してきた戸籍制度をはじめとする家父長制的家制度の論理のなかに、部落解放同盟自身も埋もれていたということである。この組織体質が同盟内の女性活動家から長いあいだ指弾されつづけることになる。この問題分析については、熊本理抄の『被差別部落女性の主体性形成に関する研究』（解放出版社、二〇二〇年）が詳しい。

◉「部落民」規定の曖昧さと困難性

また、同盟員登録にあたっての「部落民」規定も曖昧であった。再登録運動時の部落解放同盟規約第四条では、「本同盟の綱領、規約を承認し所定の手続きを経て本同盟に加入する部落民を同盟員とする。但し、部落民でない者についても、本同盟の上部機関の承認により同盟員とすることができる」となっていた。

もちろん、同盟員再登録運動時にも、この「部落民とはだれか」についての議論がなされた。しかし、当時では「部落民とはだれか」というような問題は、はっきりといって議論する必要性を感じないほど自明のことであり、問わずもがなの暗黙の了解が存在していた。大きな都市部落でないかぎり、だれが部落の人間であるかということは周知の事実であった。

だが、定義するとなると、中央執行委員会でも議論はさまざまに飛び交った。被差別部落に「三代以上にわたって居住している者」、「三〇年以上居住している者」、「三年以上居住している者」を「部落民」とするという意見。さらには「一般部落から転入した者」、「一般地区に転出した者」、あるいは「部落の人と結婚した地区外居住の一般の人」はどう扱うのかといった意見などが続出した。

結局は、血統・血縁を根拠にして部落民を規定することは、どこまでさかのぼるのかという困難な事情が発生し、現実的ではないとの判断が働き、「被差別部落に居住」（部落住民）していることを重視した判断が主流になっていった。そして、一般地区に転出した者（部落出身者）も含めて、「部落民」と認定するということになった。行政用語でいうところの「属地・属人」である。その後、規約が何回か改正され、現行規約第四条では「本同盟の綱領・規約を承認し、「加盟登録規程」の手続きを経た部落住民・部落出身者を同盟員とする」となっており、現行綱領（二〇一一年全面改正）が「部落民とは、歴史的・社会的に形成された被差別部落に現在居住しているかあるいは過去に居住していたという事実などによって、部落差別をうける可能性をもつ人の総称である」と規定しているのは、このような事情を背景にしている。

そして、この「部落民」規定の曖昧さと困難性が、部落実態が急激に変化し、居住者の転出入が増加していく一九八〇年代後半から「部落アイデンティティ」をめぐる議論を再燃させていくことになる。

◉同盟員教育の決定的な立ち遅れ

あわせて、「特措法」以降に支部や県連が雨後《うご》の筍《たけのこ》のように結成され、組織の「水膨れ」現象を引き起こした。しっかりとした同盟員教育がなされず、「解放理論」「解放運動の基本路線」

「組織の民主的運営」といった重要課題についての共通認識を確立する取り組みがおろそかにされ、支部現場では同和事業の消化に翻弄される傾向が生じた。

これらのことにみられる部落解放同盟総体としての未熟性が、部落解放運動が胎蔵していた社会変革への可能性を最大限に顕現化させることができなかった原因であり、ひとつの限界でもあったといえる。

第12章 「特措法」の限界と「部落解放基本法」制定運動の展開

本章からは、一九八〇年代を中心とする部落解放運動について論述を進めたい。それにしても、一九七〇年代は、名実ともに部落解放運動にとって「疾風怒濤《しっぷうどとう》」の時代であった。この時代の三大闘争（「狭山」「特措法」「地名総鑑」）を中心とする多くの闘いやそれにかかわる論争は、日本の社会運動にとっても今日的に継承されなければならない貴重な経験である。しかし、きちんと整理されないまま、正しく継承されていない感がある。

一九七〇年前後から一九九〇年代半ばまでの部落解放運動を牽引してきたのは、紛れもなく上杉佐一郎・元部落解放同盟中央執行委員長（一九九六年五月一〇日逝去、七七歳）であった。

同時に、一九六〇年代半ばから八〇年代にかけて、日本共産党との激烈な論戦において、真っ向から中心的な論陣を張ったのは、当時三〇代の若き大賀正行（部落解放・人権研究所名誉理事、元部落解放同盟中央執行委員・大阪府連書記長）であった。大賀は、高校生のときから地元の日之出《ひので》地区で活動をはじめ、一九五九年に日之出支部を結成し、初代支部長を長年務め、一九六〇年には大阪市立大学部落問題研究会を結成し、初代会長となった。一九六五年の第二〇回全国大会で同対審答申評価論争においては共産党員でありながら共産党の間違った方針を公然と批判し、二〇代にして部落解放運動の理論的指導者としての頭角を現していた。直後に、共産党から除名され、「反党修正主義者（日本のこえ派）」として批判の的になるが、一歩も退くことなく部落解放運動を理論的に牽引しつづけてきた。

日本共産党は部落解放同盟との論争において敗退しつづけるたびに、セクト主義的なレッテル貼りの攻撃対象を変えていった。答申評価論争当時は「反党修正主義者（日本のこえ派）・右翼日和見主義者（社会党派）」であったものが、矢田教育差別事件当時は「解同暴力集団朝田一派」から「解同暴力集団朝田派」になり、狭山闘争時には「トロツキスト暴力集団」になっていったことは象徴的である。大衆運動としての部落解放運動を見誤ってきた証であった。それは、日本共産党の独善的党派主義・セクト主義体質の裏返しであった。

大賀の一連の主張は、その著作である『部落解放理論の根本問題——日本共産党の政策・理論批判』（解放出版社、一九七七年八月）や『第三期の部落解放運動——その理論と創造』（解放出版社、一九九一年七月）などに詳しいので、ご一読願いたい。

1　みえてきた「同対法」の限界

◉一〇年の期限切れ時における「特措法」強化延長闘争

一九六九年七月に施行された同和対策事業特別措置法は、一〇年の時限法であり、一九七九年三月末が期限切れであった。部落解放同盟は、第三二回全国大会（一九七七年三月）において、「狭山」「特措法」「地名総鑑」を三大闘争と位置づけて闘うことを決定した。同時に、「特措法」については、これまでの「即時具体化」要求から根本的改正を含む「強化延長」要求に切り替え、陣形を整えた。そして、「法」の期限切れを直前にした一九七八年には、大々的な闘いを展開した。

とりわけ、秋季国会闘争は、厳しい闘いであった。法期限を機に「法打ち切り」を策動する自民党との攻防が続き、国会でのヤマ場を迎えていた一〇月一六日には、「総理府前一〇〇〇人座り込み闘争」を敢行した。前日には、青年を中心にした五〇人程度の特別行動隊の編成合宿（品川プリンスホテル）がおこなわれ、総理府占拠闘争の綿密な作戦行動が練られた。行動隊を中心にした陽動作戦や総理府屋上からの「特措法強化延長要求」の垂れ幕が何本も降ろされる事態を前に、稲村《いなむら》総務長官が総理府地下の講堂で五〇〇人の大衆団交に応じざるをえなくなった。政府官庁内における担当大臣との大規模な大衆団交は、前代未聞で異例のことであった。一時間に及ぶ団交の末、稲村大臣は「所管大臣である私が、責任をもって法延長の方向で検討する」と確約した。

この流れのなかで、一八日の衆議院本会議、二〇日の参議院本会議は、「特措法の三年延長」と「附帯決議」を決めた。附帯決議は、「法の有効期間中に実態の把握に努め、速やかに法の総合的改正及びその運営の改善について検討する」、「地方公共団体の財政上の負担の軽減を図る」、「同和問題に関する事件の増発状況にかんがみ……啓発活動の積極的な充実を図る」という内容であった。だが、参議院本会議を終えた直後に、自民党総務会は「三年打ち切り、再延長せず」との決定をおこなってきた事実も見逃してはならない。執拗な法打ち切り策動は継続していた。

◉みえてきた「特措法」の限界と「基本法」制定への方針提起

国会での「特措法の三年延長」「三項目の附帯決議」をかちとったあとに開催した第三四回全国大会（一九七九年三月）では、「特措法」強化延長闘争を総括し、今後の新たな方向を決定した。「特措法」制定以来一〇年の経過をふまえた同和対策の限界・問題点として、㋑部落の実態を正しく把握していないこと、㋺それにもとづく具体的な年次計画および財政計画を欠いていること、㋩国民に対する啓発活動が不十分なこと、㋥補助対象・規模・単価が実情にあっていないこと、㋭部落解放のための有効な政策手段（法的規制も含む）を欠いていることを分析した。

この限界と問題点を突破する方向性として、同和行政の制度・政策上の根本的欠陥を徹底的に批判暴露し、「法」の強化改正ならびに制度の抜本的改革を要求することを決め、「部落解放基本法」制定の必要性を打ち出した。この方針を具体化するために、「部落解放基本法（案）」の検討・作成を部落解放研究所に要請した。研究所では、一九八四年三月に高野眞澄《たかのますみ》・香川大学教授（憲法学）を座長とする検討委員会が設置され、一〇カ月に及ぶ精力的な検討作業がおこなわれた。

2　北九州市土地疑惑事件の衝撃と組織問題への向き合い方

●北九州市土地疑惑問題の発覚と衝撃

同対法の三年延長の期限は、一九八二年三月末であった。自民党の法打ち切り路線のもとで、一九八一年は同対法の強化改正・制度の抜本的改革の闘いに全力を傾注していた。

このような重要な闘いの時期に、北九州市土地疑惑事件が発覚した。部落解放同盟にとっては、大きな衝撃であり打撃であった。一九八一年六月一六日にローカル紙「小倉《こくら》タイムス」がこの事件を報道したのを皮切りに、全国紙の朝日新聞、毎日新聞、読売新聞、西日本新聞などの各社、さらには共産党の「赤旗」が大々的に報道し、大きな社会問題となった。北九州市土地疑惑事件とは、部落解放同盟小倉地協の役員や全日本同和会の役員などが、北九州市に一三件の土地を買わせ、不当な利益を得たとするいわゆる「土地転がし容疑事件」である。またそれにともなう関係者の「脱税容疑事件」であり、市当局幹部の「背任容疑事件」である。

結局、司法的には、小倉地協役員と土地業者が国土利用計画法違反で各五万円の罰金で、あとの容疑については一九八二年一〇月二八日にすべて不起訴となった。しかし、運動体や同和行政のあり方としては、大きな問題をはらんだ事件であった。

◉文化人「要請書」と西岡・駒井両中執「意見書」の波紋

一九八一年一二月一〇日には、部落解放運動に深い見識をもつ野間宏《のまひろし》、井上清、奈良本辰也、日高六郎《ひだかろくろう》の文化人四人が連名で部落解放同盟中央本部に「要望書」を提出し、事件の真相究明と見解表明を要求した。続けて、一二月一八日に開催された中央執行委員会の場で、西岡智《にしおかさとる》・駒井昭雄両中執から「部落解放運動の当面する重大な局面打開のための意見書」が提出された。

部落解放同盟中央本部、福岡県連、小倉地協がそれぞれ調査委員会を設置して、事件の真相究明をおこない、問題所在に関する見解を表明し、全国的な討論集会も開催し厳しい意見が出されるなかで再発防止への方向性を確認した。ただ、問題所在の分析が十分に深められたとはいえない面もあり、一九七〇年代半ばから頻発していた同和事業の利権にからむ組織問題に対する見解を超えるものではなかった。基本的には、「幹部請け負い」「物取り主義」「地方分散主義」「非民主的組織運営」に対する強い自省・自戒を促すものであった。

問題は、北九州市土地疑惑問題をめぐる議論が、「西岡・駒井意見書」のあり方に対する批判へと重点移行したことである。

「西岡・駒井意見書」への批判は、両中執が中央本部専従中執（当時は大賀中執を含め三人の専従役員）という同盟組織の中心的立場にあり、自らが現場に赴いて問題解決の先頭に立つべきであるにもかかわらず、その指導責任を回避し、困難な局面からの逃走をはかる行為であると多くの人たちに受けとられたことからきていた。

さらに、この「意見書」が即刻、対外的に出回った事態のもとで、「意見書」は組織内議論を深めるという姿勢よりは、部落解放中国研究会（中研）という党派的観点からの権力闘争的論理を内在させているのではないかとみられていた。事実、「「意見書」は駒井・西岡両名の署名で提出されたが、実際にはこれは部落解放中国研究会の組織的な存立をかけた行動であった」（友常勉「生政治と同和行政・人権行政」『部落解放研究』二一四号、二〇二一年三月）との証言が、それを裏づけている。

その意味では、問題提起の方法・手段に過誤があったといえる。その過誤により、「意見書」

で提起されていた重要で深刻な指摘が相殺される結果を招いた。筆者には、組織内部で真摯に議論を深める姿勢を堅持すべきだったのではないのかとの思いが去来する。

３「部落解放基本法」制定運動の開始とその意義

北九州市土地疑惑問題と西岡・駒井意見書は、部落解放同盟のなかに少なからぬ傷痕を残したが、問題をかかえつつも部落解放運動は前進していった。

一九八二年は、水平社創立六〇年の記念すべき年であった。三月三日に「記念集会」（京都）を開催し、朝田善之助・元中央執行委員長に「特別功労賞」が授与された。四月からは同対法が名称を変え「地域改善対策特別措置法」（地対法、一九八七年三月末までの五年間の時限法）が施行された。四月九日には、大衆カンパで建設されていた「松本治一郎記念会館」（中央本部センター、六本木）が落成した。

「同対法」強化改正闘争に集中するために一〇月に開催延期していた第三七回全国大会では、松井委員長が勇退し、上杉佐一郎委員長、上田卓三《うえだたくみ》副委員長、小森龍邦《こもりたつくに》書記長、川口正志《かわぐちしょうし》会計の新三役体制が確立した。この大会ではじめて役員選挙制が導入された。また、第三回松本治一郎賞を和島岩吉《わじまいわきち》（元日本弁議士連合会会長、大阪府同促会長）が受賞した。

ちなみに、西岡中執は、意見書問題などで全国的に支持を失い、大阪府連の中央役員立候補信任投票で不信任となり、失脚した。大賀中執は立候補しなかった。なお、この大会では、中央執行委員会構成役員が大幅に変わった。一六人いた役員のうち九人が交代し、五人の新中執が選出され、一二人構成となり、大きく若返りをはかった。

これ以降、部落解放同盟は、一九八三年に規約改正、一九八四年に綱領改正をおこない、新たな部落解放運動の組織と運動の方向を打ち出し、一九八五年から「部落解放基本法」制定要求運動を中心的な課題として闘いを推し進めていった。

◉「部落解放基本法（案）」は同対審答申と国際人権基準をふまえた立法構造

一九八五年一月に部落解放研究所からの「部落解放基本法（案）」の報告書（要綱案と解説）を受けて、部落解放同盟中央本部は、全国的な同盟組織内討議にかけ、協力関係にあった野党や共闘団体にも法案検討を要請し、内閣法制局とのすりあわせもおこなったうえで、同盟案として確定した。

「部落解放基本法」制定要求の根拠は、第一に部落差別の現実の直視、第二に同対審答申の基本精神の具体化、第三に国際人権基準の具体化であった。

このような要求根拠（立法事実）から練り上げられた法案は、五つの構成要素から成り立っていた。第一は部落差別が許すことができない社会悪であることを明言する「宣言法的部分」、第二は悪質な差別事象に対する規制と被害者救済を求める「規制・救済法的部分」、第三は誤った部落差別意識や偏見を克服していくための「教育・啓発法的部分」、第四は部落差別撤廃にむけて必要な施策を実施する「事業法的部分」、第五は部落差別撤廃への基本政策の議論をおこなうための審議会などを設置する「組織法的部分」であった。

この五つの構成部分は、国際人権基準における差別撤廃への基本方策をふまえたものであった。その意味では、差別撤廃・人権確立にむけた包括法の制定を将来展望として内包したものであった。上杉委員長が対外的にも「「人権基本法」を将来に展望しながら、とりあえず、その基底としての「部落解放基本法」の制定を求めている」と地対協で意見表明（一九八六年五月二一日）したことに明確に体現されていた（『部落解放への軌跡――部落解放基本法を求めて』部落解放基本法制定要求国民運動中央実行委員会編、一九八七年五月）。

◉「基本法」制定運動の体制確立と「法規制」をめぐる論議

「部落解放基本法案」を確認した部落解放同盟は、制定運動を大きな広がりをもった一大運動として展開するための体制づくりに全力を傾注した。その結果、一九八五年五月二四日に部落解放基本法制定要求国民運動中央実行委員会が発足し、初代会長に大谷光真《おおたにこうしん》・浄土真宗本願寺派門主が就任し、部落解放同盟をはじめ労働界、教育界、宗教界、企業界、言論界、マイノリティ（女性差別、障害者差別、民族差別）諸団体、全国三四都府県実行委員会等々の広範な団体が実行委員会に加わった。この広がりは、日本社会運動史上において特筆されるべきものであった。

だが、「基本法案」の同盟組織内議論のなかで表れてきた否定的な意見にも耳を傾けておく必要がある。そのひとつが、「基本法」の差別規制部分に対する反対論である。師岡佑行は、「差別の法的規制という問題ですが、これは、私ははっきり言って反対ですね」、「法的規制となれば、法を運用する国家が前面に出るわけですね。だから法についていえば、宣言的な法ができるというならまあまあですけど、憲法二五条で十分だと思いますね。へたをすると、特措法で抱えこまれたものが、直接の差別糾弾にまで及んで民衆の側の自主性がまったく消えてしまうという意味で、差別禁止条例などというものは解放運動の命とりになりかねません」（『現代部落解放試論』柘植書房、一九八四年）と表明した。

差別の法的規制が、差別糾弾闘争の自主性を喪失させ、国家の管理枠内に封じ込められる危険性があることは否めない。しかし、その危険な側面だけみて「反対」というのは、あまりにも稚拙で短絡的である。同対審答申評価論争における「毒まんじゅう」論と同じ思考に陥っている。これらの法制的な論争の詳細については、高野眞澄の『新たな人権擁護制度を求めて』（解放出版社、一九九六年）を参照していただきたい。

はっきりさせておかなければならないことは、部落解放同盟が求める「差別の法的規制」とは、第一に、権力執行の立場にあるものの差別行為や部落地名総鑑などの差別を商う行為などの「悪質な差別行為」に限定しており、決して差別糾弾闘争を放棄するものではないということであり、第二に、国家権力の二面性（独裁的側面と民主主義的側面）を念頭に置きながら、独裁的側面を抑え込み民主主義的側面を発展させる「人権の法制度」を確立させていくものであり、第三に、国家から独立した「人権委員会」を創設して民衆の立場にたった差別防止・被害者救済・人権伸張の機構として機能させる道を展望するものであった。

この取り組みは、容易に実現できるものではない。国家権力と反差別・人権確立運動との緊張関係をはらんだ鎬《しのぎ》を削る争闘にならざるをえない。この局面は、すぐに現象した。

◉一九八六年地対協路線の反動的転換に対する熾烈な闘い

一九八五年の「部落解放基本法」制定運動の開始は、部落解放運動の質的転換をはかるために提起された。「同和対策事業特別措置法」の限界を突破して、日本社会の「人権の法制度」を大胆に改革しようとする試みであった。

しかし、一九八〇年代はすでに日本経済の陰りが顕著になりはじめ、中曽根《なかそね》内閣（一九八二年一一月～一九八七年一一月）は、「戦後政治の総決算」を合言葉に「新自由主義」路線に政治経済の舵《かじ》を切った。専売公社や電電公社、国鉄の民営化などが次々と断行された。そのような「戦後政治の総決算」路線の部落版として、「八六年地対協」路線は打ち出されてきた。それは、まさに「部落解放基本法」制定運動に真っ向から対峙するものであった。

一九八七年三月末の「地対法」の期限切れをみすえて、一九八六年に政府の地域改善対策協議会（地対協）が出した「基本問題検討部会報告」（八月五日）は、①部落差別は基本的に解決されてきており、今後法律は不必要、②いま生起している諸問題は部落解放同盟の確認・糾弾が原因、③差別に対する法的規制も不必要というものであった。ただちに「部会報告」に対する反撃闘争を展開し、一二月一一日に出された「地域改善対策協議会意見具申」では、新法の必要性を認め、確認・糾弾への攻撃も一定後退し、法規制は不必要という記述も削除された。しかし、翌年の三月には総務庁地域改善対策室の名で「地域改善対策啓発推進指針」を出し、執拗に「部会報告」の基調を復活させようとしてきた。まさに、部落差別が存続しているのは、部落解放同盟の糾弾行為や地方行政の没主体性が原因であると、当事者責任論（自己責任論）を前面に押し出してきた。同和行政における国策の反動的転換方針の登場であった。

当時、「八六年地対協」路線に対する二年間に及ぶ激烈な撤回闘争を展開し、実質上の「立ち枯れ」（有名無実化）状態に追い込むことに成功した。一九八七年四月からは「地域改善対策特定事業に係る国の財政上の特別措置に関する法律」（地対財特法、五年の時限法）が再度名称変更して施行された。

しかし、この反動的転換の流れは、その後の国の同和行政の底流として常に存在していく。「部落解放基本法」制定運動と「八六年地対協」路線は、政治的な緊張関係をともないながら対峙を続けていくこととなった。

第13章　反差別国際運動の結成と第三期部落解放運動の提唱

部落解放基本法制定運動と「八六年地対協」路線との対峙という状況は、部落解放運動が求める国際人権基準にもとづく「人権の法制度」確立の論理が日本社会の法治構造の根本土台を覆しはじめたということの証左でもあった。支配階級の既存の「支配の論理」の枠内に部落解放運動を抑え込もうとする本能的な生理的反動であったともいえる。

そのような対峙構造をはらみながらも、部落解放基本法制定運動は、実行委員会構成団体を拡大させながら運動の裾野を大きく広げていき、地方自治体での部落差別撤廃・人権確立の「条例制定」運動と連動していった。

同時に、部落解放基本法案の策定過程で重視されていた国際人権潮流と具体的に合流していく方向性を射程に入れて、反差別国際運動（ＩＭＡＤＲ）結成にむけた取り組みを本格化させていった。

1　反差別国際運動（IMADR）の結成

部落解放運動は、水平社運動以来、常に反差別国際連帯の視点を大事にしてきた。戦前の水平社時代における朝鮮衡平社《ヒョンピョンサ》との連帯やナチズムのもとでのユダヤ人差別迫害行為に対する抗議活動、戦後における松本治一郎委員長を中心にしたインド・アフリカなどの被差別民との連帯交流活動などが挙げられるが、単発的な取り組みの域にとどまっていた。

◉国際人権規約批准運動を牽引

一九七六年三月二三日に国際人権規約が発効する見通しとなった直前に開催された第三一回全国大会（一九七六年三月三日～四日、東京）は、その状況に強い関心を示した。「今大会の基調」部分で発効の意義についてかなりのスペースを割いて強調し、「人権保障の内容が憲法の場合よりも広く保障されている」と分析し、「我々は人権規約を闘いの有利な武器として活用するとともに、その批准を政府に断固としてせまる闘いの先頭に立たねばならない」との運動方針を採択した。

この運動方針は、一九七六年からただちに実践に移され、国際人権規約の連続学習会が定期的に開催され、各界を巻き込んだ批准運動の体制を整えながら、政府・与野党国会議員への要請行動を本格化していった。この闘いが功を奏して、一九七九年六月二一日に日本政府は条約批准をおこなった。これらの取り組みを通じて、すでに発効していた人種差別撤廃条約（一九六五年一二月国連採択、一九六九年一月発効）や女性差別撤廃条約（一九七九年一二月国連採択）への関心も高まり、その後の批准運動の中核を担っていくことになった。

これらの国際人権基準の視点を獲得したことは、部落解放運動の質的転換に大きく寄与していくことになった。この成果が、部落解放基本法案策定構想に大きな影響を与えていることは前述したとおりである。

◉懸命の国際人権活動の模索

部落解放基本法制定運動と反差別国際活動の取り組みは、部落解放運動にとって不可分の両輪と意識されていた。もちろん、「部落解放基本法制定」「狭山再審闘争」「地名総鑑糾弾」は三大闘争として展開されており、それらの取り組みは同時並行的に進展していった。同時に、息つく暇がないほどの取り組みによって急速に拡大していく組織の「成長の病」として発生する組織矛盾や組織問題との格闘の日々でもあった。そのような運動・組織状況のなかで、新たな運動の質を獲得するために、国際人権活動は懸命の模索を続けた。

一九七七年一二月にマルク・シュライバー元国連人権部長を招聘《しょうへい》して講演会（大阪）を開催したのを皮切りに、一九八〇年一二月には海外ゲスト四人を招聘して「国際人権シンポジウム」を東京・大阪で開催し、一九八二年一二月には海外ゲスト六人を招聘し「第一回反差別国際会議」を東京・大阪・福岡で開催し、反差別国際人権活動の気運を高めた。これらの取り組みを通じて、一九八三年一二月には「世界人権宣言三五周年記念集会」と銘打って、国連から三人のゲストを招いて東京・大阪・広島・福岡で開催し、これ以降、毎年一二月に「世界人権宣言記念集会」が継続されてきている。

◉国連（人権委員会小委員会）での初の部落問題の訴え

このような準備作業をふまえて、一九八三年からは国連人権活動と直接結びつくための取り組みを開始した。八月に小森龍邦書記長を団長として、友永健三《ともながけんぞう》、谷元昭信、岡田英治《おかだえいじ》の四人がスイス・ジュネーブの国連欧州本部を訪れて活動をおこなった。このときに、国連人権担当官として働いていた久保田洋《くぼたよう》さんが、国連の人権活動や組織、ＮＧＯ（非政府組織）活動のあり方やロビング活動の仕方などを懇切丁寧に教示してくれた。

折良く八月九日には、国連人権委員会の差別防止・少数者保護小委員会が開催されており、その作業部会で部落問題について訴える機会を得ることができた。わずか一〇分間ではあったが、はじめて国連の場で部落問題を正式に訴えることができた瞬間であった。これも、久保田さんの尽力のおかげで、イギリスの国連人権NGOである「マイノリティライツグループ」（MRG）の発言枠を借りて、訴えることができたのであった。

また、このときには、「第二回人種差別と闘う世界会議」が開催されていた。先遣で乗り込んでいた友永と谷元は、部落問題を訴えるビラを作成し、在ジュネーブ国際機関日本政府代表部事務所で三〇〇枚のコピーをしてもらい、会議開催前のだれもいない会議場に入り込み、各席にビラを置いていった。そこに、会議スタッフが現れ、ただちにビラ撤収をするように激怒された。それでも、撤収したビラを入り口のテーブルに置いて自由にとれるように許可してもらいたいと粘りつづけ、やっとのことで事務局長の許可を得たことを思い出す。まさに、国連での事務手続きすらわからないままでの手探り状況での活動であった。

久保田洋さんとともに。左から筆者、岡田英治さん、小森龍邦さん、久保田さん、友永健三さん（1983年8月、国連欧州本部屋上）＝筆者

◉久保田洋・国連人権担当官への感謝と哀悼

部落解放同盟の国連での人権活動は久保田さんの指導・協力に負うところが大きい。久保田さんが、「国連視察の名目で日本から多くの団体や個人がやってきたが、ほとんどが物見遊山であった。部落解放同盟の人たちほど朝から晩まで真剣で真面目に取り組んだ人たちはいなかった。国連の人権担当官としてほんとうにうれしい」と語ってくれたことが印象に残っている。久保田さんは、一九八九年六月にアフリカ・ナミビアの人権状況調査中に自動車事故に遭い、三八歳の若さで殉職された。残念の極みである。なお、久保田さんの国際人権に関する著作は『実践国際人権法』（三省堂、一九八六年）など多数にのぼる。

一九八四年八月には、上杉佐一郎委員長を団長として、友永健三、谷元昭信、松本龍《まつもとりゅう》がふたたびジュネーブの国連本部を訪れた。ここでは、国連人権委員会差別防止・少数者保護小委員会で、上杉委員長が部落問題について訴え、委員の大きな関心を集めた。さらに、国連での活動を終えたあと、アフリカ・ケニアのナイロビで開催された「第四回世界宗教者平和会議」（WCRPⅣ）に参加し、部落問題に関する訴えをおこなった。これは、一九七九年の「第三回世界宗教者平和会議」（WCRPⅢ）での町田宗夫・曹洞宗宗務総長差別発言に対する反省から、正式に会議の場で部落問題を訴えてもらいたいとの要請を受けたものであり、各国の宗教者が熱心に聞き入った。

◉国際人権活動本格化の根底に日本のアジア侵略戦争への猛省を心に刻む

本格的な国際連帯活動を開始した部落解放同盟は、上杉委員長を団長として「第一次機関訪朝団」を結成し、一九八五年五月二七日から六月四日に朝鮮民主主義人民共和国を訪れ、金日成《キムイルソン》主席と会談した。日本による朝鮮侵略の歴史的事実を詫《わ》び、今後は民間レベルでの日朝交流活動に尽力したいことを伝えた。この会談は朝鮮各紙の一面で大きく報道された。

この機関訪朝団は、戦後直後からの日中民際交流に尽力した松本治一郎元委員長の遺志を継承した取り組みでもあった。同年一一月には機関訪ソ団も派遣し、一六年ぶりに交流を再開した。この年の三月にソ連邦は、ミハイル・ゴルバチョフが書記長に就任し、行き詰まったソ連社会主義の大胆な改革（ペレストロイカ）推進に着手しようとしていた。

さらに、来日したインド・ダリットパンサーとの交流（一九八六年六月）、反アパルトヘイトの闘い（一九八六年八月七日南アのデズモンド・ツツ主教、一九八七年四月オリバー・タンボＡＮＣ議長招聘）、米黒人解放運動のリーダーで大統領候補にもなったジェシー・ジャクソン師の招聘（一九八六年一二月の世界人権宣言三八周年記念集会）、人種差別撤廃委員会のシェル・オーベルク委員の招聘（一九八七年一二月の世界人権宣言三九周年記念集会）など、実に精力的な国際人権活動を展開した。

反差別国際運動（IMADR）結成総会（1988年1月25日、東京）。あいさつするミリアム・シュライバー副理事長

これらの活動を背景に、一九八七年には国際人権組織結成にむけての調査・要請活動のために、第一次訪欧団（小森書記長団長、八月二二日～九月一一日）、第二次訪欧米団（上杉委員長団長、一〇月一三日～一〇月二七日）を立て続けに派遣した。

◉反差別国際運動の結成と国連ＮＧＯ資格の獲得

そして、一九八八年一月二五日に「反差別国際運動（The International Movement Against All Forms of Discrimination and Racism／略称ＩＭＡＤＲ＝イマダー）」を松本治一郎記念会館で結成した。八カ国から二〇〇人が参加し、初代理事長に上杉委員長が就任した（二年後の一九九〇年にミリアム・シュライバー理事長に交代）。日本に本部を置くはじめての国際人権ＮＧＯが誕生したのである。

翌年の一九八九年一月一六日から二九日に、「ＩＭＡＤＲ国連ＮＧＯ登録促進要請団」を米ニューヨークの国連本部に派遣して以降、登録要請活動を継続し、一九九三年三月三〇日に国連との協議資格をもつNGOとして承認された。この登録要請活動に対して、ニューヨークの国連本部において全解連・部落問題研究所が三回にわたって妨害活動をおこない、国連関係者や国際人権NGOから嘲笑・冷笑の対象になったことも付記しておきたい。

また、このIMADRの活動をサポートするシンクタンクの役割を期待して、一九九二年六月一三日に「アジア・太平洋人権情報センター」設立推進委員会の設立に尽力し、部落解放同盟も一億円大衆カンパをおこない、一九九四年七月に大阪府認可の公益財団法人となり、一二月に大阪・弁天町駅前のツインタワー内に愛称「ヒューライツ大阪」として事務所を開設した。

特筆しておきたいのは、国際人権活動の取り組みを部落解放運動と合流させ、マイノリティ諸運動に拡大させ、日本の人権政策に国際人権政策を結合させた最大の功労者は、友永健三（当時部落解放研究所理事・所長）であったということを記憶にとどめておきたい。

2　第三期部落解放運動の提唱

◉部落解放運動は第三期の新たな時代へ

反差別国際運動の結成をふまえて開催された部落解放同盟第四五回全国大会（一九八八年三月）において、上杉委員長は「部落解放運動が第三期の新たな時代に入った」ことを宣言し、「第三期部落解放運動は、平和・人権・民主主義を基軸とした国内外の共同闘争主導の時代である」と提起した。

第三期部落解放運動の理論的提案は、すでに大賀正行がおこないはじめていた。大賀は、第一期部落解放運動を戦前の水平社の糾弾闘争時代、第二期を戦後から反差別国際運動結成までの行政闘争時代、それ以降を第三期の新たな時代と位置づけていた。第三期部落解放運動の合言葉は、「部落の内から外へ」「差別の結果から原因へ」「行政依存から自立へ」であった。この考えを、上杉委員長が採用し、さらに踏み込んだ提起をおこなったのであった。

◉第三期部落解放運動の基盤は共同闘争の拡大

上杉委員長が、「共同闘争主導の時代」としたのにには、次のような運動の経緯と背景が存在していた。部落解放同盟は、一九七四年に「被差別統一戦線」を提唱し、翌年には共闘の幅をもっと積極的に広げるべきだという意味で「反差別共同闘争」へと呼称変更をおこない、共同闘争重視の方向を打ち出していた。その結果、各界共闘組織が拡大していった。「差別とたたかう文化会議」（一九七五年、初代議長＝野間宏、言論界との連帯）、「部落解放中央共闘会議・地方共闘全国連絡会議」（一九七五年、労働界との連帯）、「同和問題企業連絡会」（一九七八年、企業界との連帯）、「『同和問題』にとりくむ宗教教団連帯会義」（一九八一年、宗教界との連帯）、「人権マスコミ懇話会」（一九八四年、メディア界との連帯）、「人権を考える文化関係者の会」（一九八五年、代表＝安岡章太郎、文化界）などであった。また、「全国同和教育研究協議会」（教育界）、「全国隣保館連絡協議会」（福祉界）なども存在していた。

これらの共闘組織が、ひとつの力として姿を現したのは、一九八五年九月一二日から一〇月二九日に実施された「平和・人権擁護・部落解放基本法制定要求国民大行進」であった。直前に開催された部落解放研究第一九回全国集会（東京、二万人）後に、鹿児島を起点にして東京へと三隊が行進をおこなった。行進隊は、同盟の若手を中心としたこれまでのものとは打って変わった構成になっていた。部落解放同盟はもとより、愛媛同対協・宗教・企業・教育・政党・マスコミ関係者などの延べ一六〇人が行進隊に加わったのである。一カ月半を超える行進後、一〇月二九日の「部落解放基本法制定要求第二波中央総決起集会」（東京、一万人）に合流し、雨中の請願デモを貫徹した。これは、行進隊の規模と多様な各界からの参加構成の面からみても、部落解放運動史上特記されるべき

1985年9月9日、部落解放研究第19回全国集会初日におこなわれた、部落解放基本法制定などを求める国民大行進の壮行式

「全国大行進」であった。

また、一九八五年一二月四日には、「大阪人権歴史資料館」(リバティおおさか)が開設された。一九八六年八月二二日から二七日には、第一回「いのち・愛・人権展」が西武百貨店の全面協力により池袋店で開催され、五万四〇〇〇人が集まった。第二回も一九八八年八月二六日から三一日に同店でおこなわれ、六万三五〇〇人が参加した。各地で同様の取り組みが浸透して、市民レベルでの関心も広く集めるようになっていった。

◉共同闘争拡大へ責任ある同盟主体構築への取り組み

部落解放基本法制定運動や狭山闘争を軸にして部落解放運動の裾野は確実に拡大していた。そして、国際人権NGOとして「反差別国際運動」(IMADR)も結成された。

このような状況をふまえて、「第三期部落解放運動」は提起されたのである。同時に、「外に打って出る」ためには、自らの足元も固めておく必要があった。一九八八年五月二三日に開催した第四五期第一回中央委員会では「第三次組織建設三か年計画」(一九八八年〜一九九〇年)が決定され、三つの基本課題が示された。「二五万人同盟の建設と共闘拡大強化・自主財源の確立」「「同和」事業の徹底点検と民主的大衆的執行・管理体制の確立」「同盟員教育の徹底と各種研修制度の確立」である。

この方針を受けて、「第三次組織建設三か年計画全国ブロック別網の目行動」（一九八八年一〇月一日～三〇日）、「第二波オルグ行動」（一九八九年一一月六日～三〇日）が展開された。「八六年地対協路線」との闘いも念頭に置いて、政府・与党から揚げ足を取られないためにも、とりわけ強調されたのは運動の立場からおこなう「同和対策事業総点検運動」の徹底であった。

◉「同和対策事業総点検運動」の遅滞と焦燥

すなわち、地対協意見具申「今後における地域改善対策について」（一九八六年一二月一一日）において指摘されていた「地域改善対策の実施の適正化のための具体的措置」で事例列挙されていた項目に対する運動側の論理に立っての点検活動であった。そこでは、「部落差別撤廃のために必要な施策はおこなう。不必要なものはやめる」という姿勢を明確にした。だが、率直にいって、この「同和対策事業総点検運動」は、部分的には徹底的に実施されたところもあったが、全国的にみると十分な成果を上げることはできなかった。

「せっかく勝ち取った成果を自ら手放す必要はない」「それは政府筋からの攻撃があるもとでの利敵行為ではないか」というような意識が根強く組織内に存在していた。同和対策事業が、組織内において「既得権益化」「特権化」されてきている危険な徴候であった。

上杉委員長が、全国大会をはじめ各種会議や集会の場において、「沈滞と保守主義を排し、旧態依然とした部落観や闘争スタイルから自らを解放していくことが急務である」と何度も何度も訴えたのは、そのような状況を打破して、新たな第三期部落解放運動の内実を創出していこうとの強い意気込みからであった。

あわせて、一九九〇年前後からの時代の流れは、部落解放運動はいうにおよばず、世界も日本も未曾有《みぞう》の政治的・経済的地殻変動の激震のなかに巻き込みはじめていた。

第14章　歴史的な激変をみせる国内外情勢と部落解放運動

一九八八年に反差別国際運動（ＩＭＡＤＲ）を結成したことを契機として、それまでの「部落解放基本法」制定運動、狭山差別裁判糾弾闘争、「部落地名総鑑」差別事件糾弾闘争などで築きあげてきた共同闘争の成果の上に、第三期部落解放運動の新たな方向性を打ち出した。

その矢先に、世界も日本も歴史的な政治的経済的地殻変動の渦中に巻き込まれた。ソ連邦崩壊による東西冷戦の終焉《しゅうえん》と新自由主義的資本主義のグローバル化という激変であった。戦後からの政治経済構造が大きなうねりをもって変わりはじめていた。

一九九〇年前後からの世界を揺り動かす激震のもとで、部落解放運動は「第三期」の新たな時代を切り拓《ひら》く闘いを懸命に模索していった。

1　東西冷戦構造の崩壊と世界的な政治経済の地殻変動

◉東欧革命とソ連邦崩壊の激震

「部落解放基本法」制定運動を本格化した一九八五年は、ソ連邦にゴルバチョフ書記長が登場し、深刻化した経済的危機と社会主義体制の行き詰まりを打破するために、ペレストロイカ（政治改革）とグラスノチス（情報公開）を合言葉にした諸改革が実施されはじめた年でもあった。ゴルバチョフ書記長が示した「新思考」は、「人間らしい要素を活性化」すること、「ペレストロイカは民主主義を通してのみ可能」であること、「労働者階級の利害を超えた全人類に普遍的な利害が優先」することを明確にし、民主化要求の波を拡大した。

この新思考は、ソ連邦の長年続いた官僚主義的支配による社会主義体制の閉塞状況を打ち破っていく抜本的改革（革命）方針であった。しかし、ソ連共産党内は急進改革派（エリツィン派）、穏健改革派（ゴルバチョフ派）、保守派（保守官僚派）に分裂し、内部抗争が激化するもとで政治経済改革は遅々として進まなかった。

そこに、一九八六年四月二六日に「チェルノブイリ原発事故」（ウクライナ）が起こり、人びとの不安が増大した。さらに、ソ連邦を構成する各共和国で民族独立的な動きが加速していった。

さらに、ペレストロイカの動向は、東欧社会主義各国にも大きな影響を及ぼし、東欧民主主義革命が進展していった。この流れのなかで、一九八九年一一月九日には東西ドイツ分断の象徴であった「ベルリンの壁」が崩壊した。

この事態を受けて、一九八九年一二月二日にアメリカのブッシュ大統領とソ連のゴルバチョフ書記長の首脳会談（マルタ会談）がおこなわれ、「東西冷戦終結」の確認がなされた。

ソ連邦では、改革への明確な具体的指針が確立しえない状況で混乱が続いていたが、一九九〇年三月一五日にゴルバチョフが人民代議員の間接選挙によって「初代ソ連邦大統領」に選出された。このとき、「書記長制の廃止」「一党独裁の放棄」「複数政党制の容認」も決められた。その後、「新連邦条約」（各共和国の主権拡大や国名を「ソビエト社会主義共和国連邦」から「ソビエト主権共和国連邦」に変更することなど）締結にむけた準備が進められていく過程で、一九九一年八月一九日に保守官僚派（ゴルバチョフ派も一部含む）を中心とするクーデターが起こった。クーデターは結果として失敗に終わるが、新連邦条約締結も挫折した。その結果、八月二八日にソ連共産党は事実上の解体に追い込まれた。

そして、一九九一年七月一日にワルシャワ条約機構は正式に解散し、同年一二月二五日にゴルバチョフはソ連大統領を辞任し、一九一七年のロシア革命以降七十有余年の歴史を刻んだソ連邦は崩壊した。世界史に名を刻んだソ連・東欧社会主義の挑戦が幕を閉じた。戦後から長く続いた東西冷戦構造の終焉であり、世界を驚かせた歴史的事柄であった。民主主義を求める時代の流れが、希望の光をみせたペレストロイカの遅々とした流れを追い越してしまったといえる。逆にいえば、そこまでソ連・東欧型社会主義が行き詰まっており、人びとの不平・不満や怒りが沸点に達していた証でもあった。

ソ連邦の崩壊について敢えて長々と記述したのは、この歴史的事実が世界の人びとに与えた衝撃と影響がそれほどに大きかったからである。

付言しておくならば、ソ連とならぶ社会主義大国であった中華人民共和国は、毛沢東《もうたくとう》時代の大躍進政策（一九五八年～六一年）や文化大革命（一九六六年～一九七六年）の失敗で疲弊した経済・社会状況を立て直すために、鄧小平《とうしょうへい》が「四つの近代化」（工業・農業・国防・科学技術の四分野での近代化）を掲げ、市場経済体制への移行をはかる改革開放政策（一九七八年～九二年）を推し進めた。この改革開放政策は経済面で一定の成果を上げ、今日ではアメリカに比肩する経済大国になっている。

一方で、国内の経済格差や官僚の汚職・腐敗が顕著になり、民主主義を求める大衆の声が大きくなり、一九八九年六月四日に「天安門事件」が発生した。中国共産党は、「民主主義」を軍隊による武力鎮圧で封じ込め、多数の犠牲者を出した。この事件の傷痕は、中国人民のなかにいまも深く残っているが、現在の香港《ホンコン》民主化運動に対しても同じやり方がとられている。

◉新自由主義的資本主義のグローバル化と矛盾の顕現化

ソ連邦が崩壊し東西冷戦が終焉したことにより、「資本主義が社会主義に勝った」という雰囲気が醸し出され、新自由主義路線による経済グローバル化が急速に進展していくこととなった。それは、社会主義の牽制《けんせい》力が喪失したことによって、資本主義の原初的な「剥《む》き出《だ》しの市場論理」が世界を席巻《せっけん》していくことを意味していた。

今日の「大陸間弾道ミサイル」的資本は、安い労働力と資源を求めて瞬時に国境を越えて、「飽くなき超過利潤の追求」という過酷な資本主義的システムのなかに世界を巻き込んでいった。

その結果、一〇年足らずのあいだに世界各国で、過酷な搾取・収奪によって貧富の格差が拡大し、地球環境の破壊、腐敗・堕落現象が顕現化した。世界は、先進国と途上国、富裕層と貧困層とのあいだに深い分断がもたらされ、社会の二極化が進行した。

国連のアナン事務総長が、この憂うべき事態を前にして、二〇〇〇年から「グローバル・コンパクト一〇原則」（人権・労働・環境・腐敗防止の四本柱）を提唱せざるをえなくなった背景である。この現象は、今日も続いており、国連が「ビジネスと人権に関する指導原則」（二〇一一年）や「持続可能な開発のための2030アジェンダとその目標（ＳＤＧｓ）」（二〇一六年実施）を打ち出しているのも同じ背景である。

◉変容する階級対立構造と社会変革の担い手の変化と層的拡大

新自由主義的資本主義のグローバル化は、急激な格差拡大と社会構造の激変をもたらし、世界にさまざまな分断化状況を引き起こしてきた。一握りの超富裕層が、世界の富の大半を所有する事態が生まれ、「一％対九九％」という対立構造が現出した。また、二一世紀になるとＩＴ革命の進展のもとで、ＧＡＦＡによる世界の情報と富の寡占が生じ、「見えざる搾取の手」が世界を覆い尽くしてきた。

一九八〇年代までの「資本家階級対労働者階級」という階級対立構造は大きく変容し、重層的階級構造の様相を呈してきた。それは、ゴルバチョフが新思考として訴えた「人類的価値が労働者階級の価値に優先する」という価値観が現実的なものになってきたことを示している。

この価値観は、人類的危機の問題が顕現化している状況下ではとりわけ重要である。すなわち、「核兵器（原発）の脅威」「地球環境破壊の猛威」「感染症パンデミックの恐怖」などに対峙する社会変革の担い手が層的に拡大していることを意味する。

◉世界政府としての「国連」再編の重要性

この東西冷戦の終焉期の一九九一年一月一七日にアメリカを主力とする多国籍軍がイラク攻撃

を開始し、「湾岸戦争」が勃発した。アメリカのＩＴ化された圧倒的な軍事力の前にイラク軍は屈服し、三月三日には停戦協定が結ばれた。

この湾岸戦争は、油田利権の対立を背景にして、一九九〇年八月二日にイラクがクウェートに軍事侵攻・併合した事態に対して、「即時無条件撤退」という国連安保理決議にもとづいて引き起こされたものであった。

この湾岸戦争において、日本政府の対応は混乱を極めた。憲法により武力参加しなかった日本は、当時の海部俊樹《かいふとしき》内閣のもとで多国籍軍の戦費に一三〇億ドルもの多額の資金提供をおこなったが、「日本は金を出しても人を出さない」と国際評価は厳しかった。そこには、バブル景気の「金満国日本」が、アメリカの土地を買《か》い漁《あさ》ることなどによって生じていた日米経済摩擦に対する強い不満も存在していた。

冷戦終結後の国際関係の再編のあり方が具体的に問われはじめていた。日本は、不戦憲法を堅守しながら国連再編などの外交戦略を立て直すべきであったが、ほぼ無策であった。反対に、この外圧を政治的に利用して、自衛隊にかかわる憲法改正策動を強めはじめた。

一方で、国連を中心とした反差別人権・民主主義運動の着実な前進もあった。一九九〇年二月一一日には南アフリカ共和国で、反アパルトヘイトの指導者であったネルソン・マンデラが二八年ぶりに獄中から釈放された。国連の反アパルトヘイトの国際包囲網形成の成果であった。国連は、この時期から「国際人権基準の設定は一九八〇年代までにほぼ終えた。これからは各国が責任をもって人権基準の具体化を図るべきだ」との方向を打ち出し、一九九三年の「世界人権会議」（ウィーン）で国内人権機関の設立を各国に義務づけるなど、包括的な国際人権政策を打ち出した。

グローバル化した世界において、国連を「世界政府」として、国際安全保障体制のあり方、国際人権基準の具体化、地球規模の環境破壊の防止策などの取り組みをいかに実効的に機能させるかが重要な課題となった。

2 連立政権時代の到来と「五五年体制」の崩壊

◉「世界的な激震」への予兆的な政治経済的変化

世界的な激震のなかで、日本も大きく変わりはじめた。もちろん、「世界的な激震」にむけての予兆的変化は一九八〇年代から起こりはじめていた。

まず、中曽根自民党内閣が「戦後政治の総決算」路線を打ち出してきた。中曽根内閣は、一九八一年一一月二七日から一九八七年一一月六日までの三次にわたる内閣であった。その路線の特徴は、米レーガン大統領や英サッチャー首相などと同一歩調をとる「新保守主義」（＝新自由主義）路線であり、「審議会政治」といわれたように国会軽視のもとに、「行財政改革」と「民営化」路線を推し進めるものであった。一九八四年八月に専売公社が日本たばこ産業株式会社（JT）、一二月には電電公社が日本電信電話株式会社（NTT）に民営化された。一九八六年には「国鉄六分割民営化法」が成立した。さらに、「防衛費のGNP一％枠の撤廃」や「靖国《やすくに》公式参拝」をおこなうなど、これまでの不文律的な政治的枠組みを反動的に転換してきた。

一方、最大野党である社会党は、一九八六年一月二二日第五〇回続開大会で「新宣言」を採択した。この「新宣言」は前年の第五〇回定期大会に提出されたが採択できずに続開大会に持ち越されていたものである。「新宣言」は、マルクス・レーニン主義を放棄し社会民主主義的路線へ転換（階級政党から国民政党へ転換）したものであり、従来の「綱領的文書」である「日本における社会主義への道」（階級独裁容認の社会主義協会派主導の路線）は、「歴史的文書」とされた。

社会党は、一九八三年から「自衛隊は違憲だが合法」との見解を表明していた石橋政嗣《いしばしまさし》委員長・田辺誠《たなべまこと》書記長体制となっていたが、「新宣言」を採択した半年後の総選挙で大敗し、執行部は総辞職する事態に追い込まれた。一九八六年九月に土井《どい》たか子《こ》委員長・山口鶴男《やまぐちつるお》書記長体制が誕生した。「やるっきゃない」の名言で土井人気が長く続くことになったが、一九九一年の第一二回統一地方選挙で社会党は敗北し、土井委員長は引責辞任した。

また、一九八〇年代前半から民間先行で再編統一が進められていた労働組合は、一九八九年一一月二一日に同盟と総評が合流し、日本労働組合総連合会（連合）が誕生し、初代会長に山岸《やまぎし》章《あきら》全電通委員長が就任した。官公労を中心とした総評から民間労組が主導する連合へと労働運動は転換した。

一方、日本経済は、一九八六年一二月から一九九一年二月までバブル景気で沸いていた。根強い「土地神話」のもとで、実体経済から乖離した地価・株価・住宅が高騰した。キャピタル・ゲイン（将来地価が上昇することで得られるだろうと見込まれる値上がり益）・リゾート開発・住宅すごろくに熱中し、財テクと消費の過熱化が蔓延《まんえん》した。それにともない、土地転がし・地上げ屋の跋扈が社会問題化してきた。「ジャパン・アズ・ナンバーワン」という虚言に踊らされて、「金満国日本」の企業はアメリカを中心に世界の土地買収に走り、世界の顰蹙《ひんしゅく》と各国との経済摩擦を引き起こしていた。

東西冷戦が終わり、経済のグローバル化がはじまり、湾岸戦争が勃発した時期に、日本のバブル経済は崩壊し、土地を担保にした不良債権の続出などで大手金融機関などが破綻し、深刻な経済不況を招いた。しかし、バブル経済崩壊後の政治状況は混迷を続け、連立政権は猫の目のように入れ替わった。

◉連立政権の登場と五五年体制の崩壊

一九八九年一月七日に裕仁天皇が逝去し、一二五代天皇に明仁《あきひと》が即位し、昭和から平成へと元号が変わった。四月二五日には、前年に消費税（三％）を導入した竹下登《たけしたのぼる》首相が、リクルート事件にかかわって退陣を表明した。六月三日に宇野宗佑《うのそうすけ》内閣が成立したが、直後に女性スキャンダルが発覚し、政権は揺れ動いた。「消費税」「リクルート事件」「女性スキャンダル」を争点に闘われた参議院選挙は、七月二三日に投票がおこなわれ、社会党が大躍進し、与野党が逆転した。衆参のねじれ現象のもとで、八月一〇日に海部俊樹内閣が成立した。

この海部内閣の時代（一九八九年八月〜九一年一一月）に、東西冷戦が終焉し、バブル経済が崩壊し、湾岸戦争が起こり、政権対応は右往左往して混迷を深めた。

それにもかかわらず、野党第一党の社会党は一九九一年四月の統一地方選挙で自民党の圧勝を許し、大敗した。その責任をとって、土井委員長・山口書記長は退陣した。

一九九一年一一月には、宮沢喜一《みやざわきいち》内閣が成立したが、この内閣が戦後から長く続いてきた自民党単独政権の最後となった。一九九二年に発覚した「東京佐川急便事件」で金丸信《かねまるしん》（旧田中派の経世会会長）が議員辞職したことにより、自民党内最大派閥の経世会が分裂し、元自民党幹事長であり経世会の重鎮であった小沢一郎《おざわいちろう》は「新生党」を旗揚げし、自民党が分裂した。

これ以降、新党ブームが起こり、日本の政局は一気に流動化した。一九九三年七月一八日に実施された第四〇回衆議院選挙において、自民党は苦戦し過半数を確保できず、社会党は一人負けという結果になり、「五五年体制」（一九五五年にはじまる自民党と社会党の二大政党を軸とした政治運営の仕組み）は崩壊した。

一九九三年八月九日に日本新党の細川護熙《ほそかわもりひろ》内閣が成立した。この内閣は、日本新党、新生党、新党さきがけ、社会党、公明党、民社党、社会民主連合、民主改革連合の八党による非自民非共産連立政権であった。自民党単独政権の終焉であり、連立政権時代の到来であった。この連立政権樹立の仕掛け人は、新生党（羽田孜《はたつとむ》党首）の小沢一郎代表幹事であったといわれる。

◉小選挙区比例代表並立制の成立と離合集散を繰り返す連立政権

細川内閣は、「政治改革」の主要な柱として「小選挙区比例代表並立制」を押し出した。自民党は区割りをめぐって異論を唱え、政権与党の一員であった社会党は現行制度（中選挙区制）の維持を望む声もあり足並みがそろわず、国会審議は難航した。

一九九三年一一月一八日の衆議院で「小選挙区比例代表並立制」の与党案が可決された。しかし、自民党・社会党の数が過半数を超えていた参議院では与党案が否決され、両院協議会で協議継続となり、両院協議会合意案が衆参両院を通過し、一九九四年三月四日に「政治改革四法」（改正公職選挙法、衆議院議員選挙区画定審議会設置法、改正政治資金規正法、政党助成法）が成立した。

その後、細川首相は、突如「消費税を廃止して七％の国民福祉税」構想を公表し、政権周囲から叩《たた》かれてすぐに挫折し、「佐川急便からの借り入れ疑惑」や「私的財産管理疑惑」問題などが起こるなかで、四月八日に突然の辞意表明をおこない、四月二五日には内閣が総辞職することになった。

その後、四月二八日に同じ連立政権の枠組みで羽田孜内閣が成立した。首班指名直後からは、新生党・公明党・民社党が主導する政権運営に反発する新党さきがけなどは閣外協力の立場をとり、社会党は連立政権から離脱した。このため、羽田内閣は少数与党となり、わずか二カ月で総辞職を余儀なくされた。

◉驚きの自社さ連立政権による村山内閣の登場

この事態を受けて、自民党（河野洋平《こうのようへい》総裁）、社会党（村山富市《むらやまとみいち》委員長）、新党さきがけ（武村正義《たけむらまさよし》代表）が連立政権を組むことで合意した。

一九九四年六月三〇日に自社さ連立のもとで社会党委員長の村山富市内閣が成立した。当時の連立政権内の力関係は、社会党七四議席、自民党・さきがけ二二七議席で、合計三〇一議席であった。ちなみに、野党第一党の「統一会派改新（新生・自由・日本新・民社）と公明党グループ」は一八三議席であった。

社会党と自民党・さきがけとの連立は、戦後からの厳しい対立関係にあった政党の連立であり、ほんとうに政権として機能するのかという疑念と驚きがあった。権力から離脱した悲哀を経験した自民党の権力へのすさまじい執念と強《したた》かさがなせる術《わざ》であった。

同時に、この自民党の執念と強かさのもとで、連立政権の首相を出した社会党は、それまで堅持してきた基本的な政治理念を投げ捨て、「日米安保体制の堅持」「自衛隊の合憲」「日の丸・君が代の容認」など一八〇度の政策転換をしていく事態に追い込まれていった。その後の社会党の「分裂」と「止まらない衰退」を招いた原因ともいわれ、まさに「一将功成りて万骨枯る」の状態を招来することになった。

3　奮闘し苦悩する部落解放運動

◉現実の実態から運動課題を設定する部落解放運動の強み

部落解放運動は、世界史的な政治的経済的地殻変動に先立って、一九八八年の反差別国際運動（ＩＭＡＤＲ）の結成を機に「第三期運動論」の実践に着手していた。この「地殻変動」を目の当たりにしても、「第三期運動論」は揺らぐことはなかった。これは、さまざまな諸理論や政治動向に振り回されることなく、常に部落の現実の課題をふまえながら闘いの方向を決定してきた部落解放運動の強みであった。

◉「第三期」運動の実践にむけた新たな「決断」の連続

第三期の新たな運動の方向を明確にするために、上杉委員長は相次いで重要な「決断」を示し、全組織に檄《げき》を飛ばした。

一九八九年八月一〇日には、法務省の「『地名総鑑』差別事件調査終了宣言」に対して中央本部が抗議声明を出し、全容解明の必要性と問題解決への責任放棄は許さない姿勢を明確にした。

一九九〇年に最終年度を迎えていた「第三次組織建設三か年計画」における最重要課題として「同和対策事業総点検改革運動」の徹底を訴えた。

一九九二年四月に「地対財特法」が一部改正し延長されたことを受けて開催された第四九回全国大会（五月）では、強い決意をもって「三つの提案」をおこなった。「部落解放基本法を現実的に実現できる方法を論議すること」「部落解放の状態と条件の明示をすること」「村自慢・支部自慢の運動を創出すること」であった。この提案が、その後の「基本法」闘争の方向性、綱領問題、人権のまちづくり運動へとつながっていった。

さらに、一九九二年九月に大阪で開催された部落解放研究第二六回全国集会において、「現行の「地対財特法」の再延長は、客観的情勢からいってもありえないし、私も求めない」と踏み込んだあいさつをおこなった。「特別対策の事業法を求めない」との決断は、「基本法」制定運動が

「特措法」延長のための方便ではないことを明言したのであり、参加者に大きな衝撃と強い緊張感をもたらした。

◉村山連立政権成立のもとでせめぎ合いを続ける部落解放運動

このような上杉委員長の強い決断のもとに進められた部落解放運動も、前述したような揺れ動く日本の政界再編成の動向とめまぐるしく組み変わる連立政権のもとで、幾度かの苦渋の選択を迫られていくことになった。

とりわけ、村山連立政権の成立は、長年の支持協力関係にあった社会党の党首が首相であったために、「部落解放基本法」成立への大きな期待が広がった。しかし、現実の政治はそれほど安易なものではなかった。揺れる連立政権のもとで部落解放政策をめぐって激しいせめぎ合いを展開しなければならなかった。

第15章　同盟組織の若干の混乱と人権政策の着実な前進

1　新たな時代の到来のもとでの政治路線をめぐる混乱

一九九〇年代初頭から、東西冷戦の終焉とソ連邦崩壊にともなう新自由主義経済のグローバル化のもとで、日本の政治経済も大きな変化をみせはじめた。政局の流動化のなかでめまぐるしく入れ替わる政権への対応に、第三期運動論の新たな方向を打ち出していた部落解放運動も否応《いやおう》なしに向き合わざるをえないことになった。

●ポスト「地対財特法」をめぐる闘い

第三期部落解放運動論を打ち出した時期は、「地域改善対策特定事業に係る国の財政上の特別措置に関する法律」（以下「地対財特法」）が、一九八七年四月から五年間の時限法として施行されていたときであり、いわば「ポスト地対財特法」をめぐる闘いが重なっていた。一九九二年三月末で期限切れとなる「地対財特法」後の同和行政をどのように進めていくのかという課題に直面していた。

一九九〇年二月一八日に実施された第三九回衆議院選挙では、前年四月の消費税導入直後の参議院選挙で社会党が大躍進し与野党逆転が起こっており、衆議院でも与野党逆転をねらった。野党は「消費税」を焦点化し、自民党はソ連邦・東欧状況をにらみながら「体制選択」を焦点化して総選挙が闘われた。結果は、自民党が二〇議席を減らしたものの二七五議席の安定多数を獲得した。社会党は五三議席増やし一三六議席としたが、公明・共産・民社が大きく議席を減らしたことで与野党逆転は実現しなかった。

この総選挙で、部落解放同盟は、社会党候補として上田卓三・副委員長（大阪四区／六選）、小森龍邦・書記長（広島三区／初当選）、松本龍・特別中央執行委員（福岡一区／初当選）の当選を勝ち取り、参議院の松本英一《まつもとえいいち》・顧問（比例区）、谷畑孝《たにはたたかし》・特別中央執行委員（大阪府選挙区）を合わせて五人の組織内議員を有することになり、運動史上最高の国会勢力となった。

しかし、政府与党は、「地対財特法」成立直後から、「八六年地対協」路線の延長線上で「現行法打ち切り、一般対策への移行」という姿勢を堅持しており、今後の同和行政のあり方を審議する「地対協」の委員には当事者委員を排除するという露骨な反動的対応をしていた。排除の表向きの理由は、運動団体が分裂しているということであった。

この事態を打開するために、部落解放同盟、全国自由同和会、愛媛県同和対策協議会の三団体が共同行動をとって、地対協委員に当事者代表を入れるように要請行動を繰り返した。この結果、一九九〇年一二月七日には亀岡秀雄《かめおかひでお》・愛媛同対協会長代行を当事者委員として地対協委員に任命させることに成功した。

この成果のうえに立って、一九九一年二月二七日に「同和問題の現状を考える連絡会議」(以下「同現連」)が結成された。部落解放同盟、全国自由同和会、愛媛県同和対策協議会、部落解放研究所、地域改善対策研究所、全国同和教育研究協議会、全国隣保館連絡協議会の七者で構成された。結成総会では、「私たちは、部落差別の実態を直視し、「同対審」の答申の基本精神を尊重し、世界の人権確立に向けた潮流と固く結びつきながら、日本の「同和」行政と人権行政の確立のために、共同行動の力をもって寄与することを、宣言する」との宣言が採択された。部落問題解決のための「法律」制定要求にむけて、部落解放運動の実質的な推進勢力による統一戦線が構築された。

ちなみに、この時点で、部落解放同盟は「部落解放基本法」(一九八五年五月決定)を求めており、全国自由同和会は「人権基本法」「新地域改善対策特別措置法」(一九九〇年三月決定)を求めていた。

同現連は、政府与党の「地対財特法の五年打ち切り、一般対策への移行」という方針に対して、これを打ち破る具体的な対抗策を講じるための会合を頻繁に開催し、中央集会や共同の要請行動を精力的に展開した。この共同行動が功を奏して、政府与党の「法打ち切り」策動を阻止することに成功した。一九九一年一二月一一日の地対協は、「（法失効後も）法的措置を含め適切な措置を検討する必要」を意見具申した。しかし、一九九二年三月末の衆参両院で「地対財特法の一部を改正する法律」が可決され、地対財特法の五年延長という結果にとどまり、四月から施行された。

この事態を前にして、一九九二年五月二九日に開催された第四九回全国大会で上杉委員長は「部落解放基本法制定のための現実的で具体的な方策を議論すること」「基本法要求の根拠とその基本的な考え方が実現化されるならば、基本法という名称や形に執着しないでもよい」ことを提起し、九月二九日の部落解放研究第二六回全国集会（大阪）では、「現行地対財特法のような特別対策の事業法延長は求めない」ことを明言した。この上杉委員長の「決断」が、各界に強い衝撃を与え、「法」問題のあり方について影響を及ぼしていくことになった。

あわせて一九九二年は、全国水平社創立七〇年の節目の年でもあった。この記念事業のメインとして住井すゑ原作の「橋のない川」を映画化することを決め、川口正志・財務委員長を責任者とする製作委員会を立ち上げ、東陽一《ひがしよういち》監督のもとで二年間をかけて完成させた。五月二三日から全国一斉ロードショー公開をおこない、一〇〇万人上映運動を成功させ、部落問題解決への世論を大きく喚起した。

◉細川八党連立政権のもとでの小選挙区制をめぐる混乱

一九九三年は、日本の政治が歴史的な転換をみせた年であった。部落解放運動は、部落解放基本法制定運動を中央段階のみの取り組みにすることなく、地方自治体における「条例制定」運動と連動した取り組みを強化するために、一九九三年二月一日に「全国部落出身議員連絡会」を結成した。国会議員五人、地方議員三〇〇人に及ぶ議連であった。この成果として、六月二五日に徳島県阿南《あなん》市で「部落差別撤廃・人権擁護に関する条例」が全国に先駆けて可決され、その後次々と各地で条例が制定されていくこととなった。

この年の七月一八日に実施された第四〇回衆議院選挙は、新党ブームが巻き起こり、与党自民党が過半数割れの苦戦を強いられるとともに、野党の社会党も一人負けで、戦後長らく続いた「五五年体制」が崩壊した。部落解放同盟の組織内候補では小森書記長・松本中執が当選したものの、上田副委員長は惜敗した。

この総選挙の結果、八月九日に非自民・非共産の八党連立政権である細川護熙内閣が成立した。自民党が政権与党から転落した歴史的瞬間であった。細川内閣は、ただちに自らの選挙公約でもあった「小選挙区制」の導入に邁進《まいしん》した。「小選挙区制」導入については、与野党のなかでも意見はバラバラであった。そのようななかで、与党案として「小選挙区比例代表並立制」が国会に提出され、衆議院で可決されたが、参議院では否決され、混乱の事態になった。結局、一九九四年一月二九日に「両院協議会合意案」が衆参を通過した。

この小選挙区制をめぐる混乱の過程で、社会党の与党議員である小森書記長は、自らの反対の政治信念を貫くために、部落解放同盟に迷惑をかけられないと「書記長辞職願」を提出していた。この「辞職願」が、一九九三年一二月一六日の同盟中央委員会で受理決定されることになった。この決定が、広島県連の反発を招き、中央本部との対立関係がしばらくのあいだ続くことになった。

一九九四年三月二日に開催された第五一回全国大会で、上杉委員長・上田書記長の新体制が発足し、谷元中執が書記次長に任命された。

◉村山・自社さ連立政権と与党プロジェクトをめぐる路線対立

細川首相は、小選挙区比例代表並立制が成立したあと、突如として政権を放り出し辞任したために、一九九四年四月二八日に羽田孜内閣が成立するが、連立の枠組みが崩れ少数与党に転落することになり、わずか二カ月で総辞職に追い込まれることになった。

一九九四年六月三〇日に、村山富市内閣が自社さ連立政権として発足した。社会党と自民党という驚きの連立の枠組みであり、前述したようにこの枠組みのなかで社会党は従前からの基本政策を転換し、その後の衰退への道を歩みはじめた。

それでも、この村山内閣のもとで、部落解放運動にとっては二つの成果をみることができた。ひとつは、一九九四年一二月二一日に石川一雄さんの仮出獄が実現したことであった。三一年もの長きにわたる獄中生活からやっと解放されたが、「見えない手錠」はかかったままだった。当時の法務大臣は、前田勲男《まえだいさお》・参議院議員（自民党、和歌山県選挙区）であった。

もうひとつは、同年一二月七日に「与党・人権と差別問題に関するプロジェクト」が発足したことであった。このプロジェクトは三座長制で、上原康助《うえはらこうすけ》・社会党副委員長、岩崎純三《いわさきじゅんぞう》・自民党参議院議員・元総務長官、鳩山由紀夫《はとやまゆきお》さきがけ代表が座長に就任した。社会党首相の政権与党内において、部落問題を正面から議論する場が設定されたことの意義は大きかった。一方で、この直後の一二月一〇日に新進党（海部俊樹党首・小沢一郎幹事長／新生・日本新・民社・公明新党・自民党脱党組などで構成）が結成され、政権交代をねらう一大野党が誕生した。与野党の厳しい緊張関係が前面に出る政治状況が現出した。

与党プロジェクトは、発足以降、月に二～三回のペースで実に精力的に会合を重ねていった。社会党の上原議員、和田貞夫《わださだお》議員（衆議院、大阪五区）は、上杉委員長が提起していた「基本法要求の根拠とその基本的な考え方が実現されるならば、基本法という名称や形に執着しない」という方向で、基本法制定への現実的で具体的な方策を実現するために、自民党やさきがけとの議論を粘り強く詰めていた。

部落解放同盟も、一九九五年一月一九日には「法制定問題検討プロジェクト」を立ち上げ、刻々と入ってくる与党プロジェクトの動向を見極めつつ、同現連での意思疎通もはかりながら、時々の対応策を練り上げていた。とりわけ、与党プロジェクトの議論を有利に進めるために、社会党に対する強力な「基本法制定」要求の要請行動を繰り返した。

同時に、野党第一党の新進党に対しても「基本法制定」への協力要請をおこない、与党が「基本法」を出さないならば、新進党を中心に議員立法での提出をおこなうという戦術も展開した。

国会会期末を二週間後に控えた一九九五年五月三〇日〜三一日に、部落解放同盟第五二回全国大会を開催し、胸突き八丁の正念場を迎えていた基本法闘争の意思統一をはかった。

上杉委員長は、与党プロジェクトが、「人種差別撤廃条約の早期批准と国内法整備の必要性および同和問題の抜本的解決のあり方について「何らかの法的措置」が必要であることを合意した」段階まで到達していることを評価しながら、「「何らかの法的措置」の中身は、「部落解放基本法」であり、それを今国会で制定させる」、ただし「「基本法」の内容や形態については、「部落解放基本法」の本旨を損なわない範囲において、現実的に対応していく必要がある」ことを訴えた。

しかし、国会最終盤において与党プロジェクトが「中間意見」をまとめるという段階で、同盟内に微妙な路線対立が生じた。すなわち、与党プロジェクトの議論を大事にして閣法につなげていくべきとする上杉委員長の路線と基本法に言及できない与党プロジェクトを潰して新進党を中心に基本法の議員立法をめざすべきとの上田書記長の路線が微妙な違いをみせはじめた。上杉委員長は、与党プロジェクト継続の方針をとり、「中間意見」を出させることに成功した。その判断の背景は、新進党が口約束だけで、現実には議員立法にむけた党内議論などをおこなった痕跡もなく、真剣に取り組む姿勢がなかったことであった。

この微妙な路線対立が、与党プロジェクト「中間意見」が出され、国会が閉会したあとも「わだかまり」として組織内に尾を引くことになった。

2　与党プロジェクトの「中間意見」と「三項目合意事項」

◉与党プロジェクト「中間意見」「三項目合意事項」の内容と意義

このようなむずかしい事態のなかで、一九九五年六月一六日に与党・人権と差別問題に関するプロジェクト「中間意見」がまとめられ、政府の基本方針となっていった。

政策について検討する必要がある。

なお、5月26日の閣僚懇談会において村山総理は早期に部落差別の解消、同和問題の解決に向けて閣僚の協力を求められた。

以上のことを踏まえ、以下の四点について、中間意見として報告する。なお、これまでの審議経過の概要について、あわせて報告する。


一. 政府においては、「あらゆる形態の人種差別撤廃に関する国際条約」の第四条の取り扱いについて早急に結論を出すとともに、憲法との関係に留意しながら関係省庁間での協議を早期に完了し、本条約を年内のしかるべき国会において批准する必要がある。

なお、本プロジェクトとしては、自民党・さきがけは第四条は「留保」とすることが妥当と考える。

また、社会党は「留保の方向」で検討することが妥当と考える。


二.「人権教育のための国連10年」(期間1995～2005年) について、わが国は国際社会において率先垂範して取り組む必要がある。

政府においては、早急に具体的施策内容を包含する「行動計画」を策定し、早期にそれに基づく人権教育・啓発の実施体制づくりを行う必要があると考える。

このため、政府は、「行動計画」の具体的施策内容の策定および必要な措置等を実施推進するため、「人権教育のための国連10年推進本部」(仮称) を設置するとともに、所要の予算措置を講じる必要があると考える。

なお、平成8年度予算概算要求における関係予算について報告を受けることなど、政府の取り組み状況について本プロジェクトは注視していく。

三. 人権擁護のあり方、実効ある人権侵害への対応のあり方については、差別の煽動行為・助長行為等悪質なものに対する何らかの規制の方策等、極めて慎重な検討を要する課題である。また、人権侵害事例に対する現行制度の対応は十分なものとはいえず、とくに同和問題に係わる事例では不十分な実情にある。本プロジェクトにおいても現行制度の問題点、諸外国の制度等を含めて、今後とも鋭意検討していく必要がある。
政府においても、人権擁護のあり方、実効ある人権侵害への対応のあり方については、何らかの機関を設置し、検討を開始する必要があると考える。

四. 同和問題の抜本的早期解決に向けた方策のあり方については、「平成5年度同和地区実態把握等調査」の地域改善対策協議会・総括部会・小委員会の検討結果として明らかとなった部落差別の今日的状況を踏まえ、政府与党が一体となり、法的措置、行財政的措置等の各種政策の基本的なあり方について、十分かつ速やかに検討していく必要がある。
なお、本プロジェクトとしては、地対協総括部会の審議の前倒し等速やかに検討が進められ少なくとも基本方針等を年内早期に明らかにする必要があると考える。

以　上

【参考資料】

与党・人権と差別問題に関するプロジェクト中間意見

1995（平成７）年６月16日
人権と差別問題に関するプロジェクト
座　長　上原康助
座　長　岩崎純三
座　長　鳩山由紀夫

人権と差別問題に関するプロジェクトは、同和問題の基本政策をはじめ、日本における人権政策について今日まで14回の会議を開き、鋭意検討を進めてきた。

この間、下記「これまでの審議経過の概要」のとおり、有識者、民間研究機関、民間運動団体、関係省庁等から意見の聴取を行った。とくに、第４回会議において、意見表明を行った全国自由同和会は人権基本法を、部落解放同盟は部落解放基本法の制定を要望した。この二団体の要望に対し、委員から要望内容の一本化が提案された。両団体は、第５回会議を前に統一要望として「社会的差別撤廃基本法の制定を求める要望書」を三党それぞれの座長に提出するに至った。

また、第９回プロジェクト会議において宮崎繁樹・地対協会長も私的見解だとされながらも、①人種差別撤廃条約の早期批准、②市民的及び政治的権利に関する国際規約（国際人権B規約）選択議定書の早期批准、③人権擁護委員会制度の機能が不十分であり、とくに部落問題に対して問題なので、人権委員会等の組織を強化するための方策、④国連人権教育の10年が開始されておりこれを実行するための国内的施策の整備が重要だと指摘された。

また、「人権と差別問題に関するプロジェクトの作業状況に関する中間報告」（平成７年３月28日）「人権と差別問題に関するプロジェクトの論点整理」（平成７年５月19日）として、すでに２度の中間的意見の取りまとめを行ってきた。

これまでの検討の結果、以下の共通する基本認識を持つに至った。

すべての人間は、生まれながらにして自由であり、人間として尊重され、平等に基本的権利の享有が保障されなければならない。このことは人類社会に共通する、自由と正義と平和の基礎である。しかしながら、今日のわが国の状況は、「いじめ問題」「オウム事件」をはじめ、人の命の尊さが軽視される傾向がみられる。

また、部落差別をはじめ社会的差別の実態も未だ解消されるに至っていない。とくに、同和対策の一環として、教育・啓発が積極的に展開されたにもかかわらず、結婚差別など心理的差別の解消に至っていないのが実情である。

今日、人権実現へ向けた国際社会の要請は日増しに大きくなっている。日本国憲法の制定、世界人権宣言の採択から半世紀となる今日、改めて人間の尊厳に関わる問題として人権と差別問題を認識し、人権実現社会の構築を図らなければならない時期にきている。このため、人権に関する教育・啓発、人権擁護・人権侵害への有効な対応、差別解消のための諸事業等、さまざまな分野における人権に関わる施策について、そのあり方を見直し、わが国基本施策のひとつとして人権中間意見は、①「人種差別撤廃条約」の年内批准、②「人権教育のための国連一〇年」の取り組みの必要性、③「人権擁護のあり方、実効ある人権侵害への対応のあり方」への検討開始の必要性、④「同和問題の抜本的早期解決に向けた方策のあり方」についての十分かつ速やかな検討の必要性――を合意事項としてうたいあげた。

この中間意見は、不十分点はあるものの、日本の人権政策を国際人権基準に合流させる嚆矢《こうし》であり日本の人権政策の歴史的転換になったものとして、正当に評価されるべきものであった。

この中間意見の基本にしたがって、一九九五年一二月一日に「人種差別撤廃条約」締結が国会承認され、同月一五日に政府「人権教育のための国連一〇年推進本部」(本部長＝首相)の設置が閣議決定された。ただし、人種差別撤廃条約の締結承認にあたっては、部落問題が条約対象になるかどうかは棚上げされ、差別の法的禁止をうたった条約第四条(a)(b)項は留保して承認されるという問題が残った。この問題は、与党プロジェクト内では完全にクリアされた問題であったが、与党・政府内での合意ができなかったために、現在も続いている。

一九九六年一月一一日に村山内閣の突然の総辞職を受けて発足した第一次橋本龍《はしもとりゅう》太郎《たろう》内閣のもとでも、当然のことながら閣議決定である「中間意見」の合意は継承された。

一月一四日には人種差別撤廃条約が日本で発効し、五月一七日には地対協が『同和問題の早期解決に向けた今後の方策の基本的な在り方について』を意見具申した。

その内容は、「同和問題を人権問題という本質から捉え、解決に向けて努力する必要」、「(五年後の)一般対策への円滑な移行」、「同対審答申を踏まえた同和行政の継続」、「これまでの施策の成果を後退させない方策」などを提言した。同対審答申以降の今日的な同和行政にかかわる政府の基本文書となった。

余談ではあるが、この「九六年地対協意見具申」をまとめるにあたって、事務方の中心を担っていたのが、炭谷茂《すみたにしげる》・地対室長であった。炭谷はその後、厚生省社会・援護局長、環境省事務次官を歴任するが、部落問題・人権問題に真摯に向き合いつづけた稀有《けう》な政府官僚であった。炭谷は地対室長退任時に、筆者に「今後も人権問題をライフワークとして取り組む」と語っていたが、その言葉どおりに現在も「ソーシャルインクルージョン」構想を具体化するためのさまざまな人権NPO活動を継続している。

一九九六年六月五日には、継続されていた与党プロジェクトが「三項目の合意事項」をまとめて、任務を終了した。「三項目の合意事項」とは、①「人権教育・啓発の推進に関する法的措置を検討する」、②「人権侵害による被害の救済に関する法的措置を検討する」、③「地域改善対策特定事業に関する法的措置を講じる」であった。

この合意事項を受けて、一九九六年一二月一七日に「人権擁護施策推進法」が成立した。この法律は、「人権教育・啓発」と「人権侵害救済」にかかわる法的措置を検討するための審議会設置法であった。

一九九七年四月一日には「地対財特法の一部を改正する法律」が施行された。これが最後の「特措法」であり、二〇〇二年三月三一日までの五年の時限法であり、法定事業は一五事業に限定された。

人権擁護施策推進法によって設置された審議会の答申にもとづいて、「人権教育及び人権啓発の推進に関する法律」（略称「人権教育・啓発推進法」／議員立法）が松本龍議員などの尽力で成立し、二〇〇〇年一二月六日に公布・施行された。

さらに、「特措法」失効を直前にした二〇〇二年三月八日に小泉純一郎《こいずみじゅんいちろう》内閣によって「人権擁護法案」が第一五四回国会に提出された。この法律は、人権侵害救済にかかわる法的措置の答申にもとづいて立法されたものであった。この法案をめぐる問題は項を改めて後述することにしたい。

紆余曲折を経た与党・人権と差別問題に関するプロジェクトの「中間意見」と「三項目の合意事項」が、日本の人権政策を大きく転換させるターニングポイントになったことは事実であり、しっかりと記憶にとどめておく必要がある。

部落解放運動は、組織内に若干の混乱をかかえながらも、部落解放基本法制定でめざした「基本的な根拠と考え方」の実現にむけて着実に前進を勝ち取っていったと評価できる。

◉日本社会党の党名変更と分裂

一九九四年六月に自社さ連立政権で誕生した村山首相は、社会党の基本路線を次から次へと投げ捨てることで急速に求心力を失い、一九九五年七月二三日に実施された参議院通常選挙において、社会党は大敗を喫した。投票率は四四％という前代未聞の低さであった。自社さ連立ではかろうじて過半数を維持したが、新進党が躍進を遂げた。

一九九六年一月五日に村山首相は突如退陣表明をおこない、一月一一日に自社さ連立の枠組みで橋本内閣が成立した。

村山首相退陣を受けて、一月一九日に開催された日本社会党第六四回全国大会で党名が「社会民主党」（村山党首）に変更された。その後、「新社会党」（三月）、「民主党」（九月）に分裂していくこととなった。同盟組織内の社会党国会議員であった小森龍邦は新社会党、松本龍は民主党、谷畑孝は自民党へとそれぞれ所属政党を変えた。

離合集散を繰り返す連立政権時代における部落解放運動の立ち位置（野党と与党の関係／権力との位置）のむずかしさを表出したともいえる。

松本治一郎元委員長は、「部落解放同盟は、権力政党とは常に一定の距離をおき、野党第一党との連携をはかりながら現実的な社会変革をめざすべきだ」と語ったといわれる。「五五年体制」時代と「連立政権」時代との違いはあるが、この言葉の意味をしっかりと噛《か》みしめながら、今日的な部落解放運動の政治へのかかわり方を熟考する必要があるように思われてならない。

3　部落解放基本法闘争の「時間差をもった分割制定」への戦術転換

◉与党プロジェクト「中間意見」をふまえた基本法闘争の戦術転換

一九九五年六月の与党プロジェクト「中間意見」が政府の人権政策の基軸に据えられたことを受けて、第一三二回通常国会閉会後に開催された中央執行委員会（六月二三日）で部落解放同盟もただちに基本法制定闘争の戦術的転換をはかった。すなわち、「部落解放基本法そのものの制定」要求の闘いから、「部落解放基本法の五つの構成部分を時間差をもって分割制定」していく闘いへの戦術転換であった。

この戦術転換をふまえて、それ以降の同和行政・人権行政への現実的対応策を運動側のイニシアチブのもとで打ち出していく必要があった。しかし、与党プロジェクトをめぐる同盟内の「わだかまり」が、具体策議論のうえでギクシャクとした状況を生み出していた。この延長線上で些《さ》細《さい》な実務手続きの問題から一九九六年二月に谷元書記次長が辞任した。

◉人種差別撤廃条約加入にむけた議論

部落解放同盟内での足踏み状態がある一方で、与党プロジェクト「中間意見」にもとづく政府サイドの取り組みは着々と進んでいった。まず、人種差別撤廃条約への加入が、第一三四回臨時国会に諮られ、一二月一日に可決された。外務省の倉庫で三〇年間もの長きにわたって眠らされてきた条約がやっと日の目をみた。

この可決にいたるまでには、前述したように、二つの大きな争点があった。ひとつが部落差別が人種差別撤廃条約が規定する差別に含まれるのかどうかであった。条約が規定する世系《せいけい》(descent)問題であった。政府・外務省は、条約が採択された一九六五年から一貫して条約が規定する差別は日本には存在しないとしてきた。条約加入にあたって、この見解が浮上してきたが、国会ではこの議論は「棚上げ」として言及せずに後日の議論に託された。

もうひとつは、条約第四条(a)(b)項の「差別の法的禁止」規定である。これは、「表現の自由」などと抵触する懸念があるとして、自民党・政府内に根強い反対意見があり、留保して可決された。

部落差別が条約が規定する差別の対象であることは、国際的にも国内的にも認知されているが、根強い抵抗が政府内に存在しており、今日においても正式な見解表明はなされていない。第四条留保問題についても、国内外の大きな批判がある。この「表現の自由」と「差別の法的禁止」についての認識の過誤が、現在でも「部落差別解消推進法」や「ヘイトスピーチ解消法」においで、明確な差別禁止規定を欠落させている背景である。

このような問題を内包していたが、それを理由として条約加入を遅らせることは、日本の人権の法制度確立にとって上策ではないとの判断をもって、部落解放同盟は政府与党との折衝を重ね、加入に踏み切らせることに成功した。これは大きな成果であった。

◉着実に前進する「人権の法制度」と上杉委員長の逝去

与党プロジェクトの「中間意見」「三項目合意事項」が、日本の人権政策を国際人権基準と合流させたターニングポイントであった。

人種差別撤廃条約を武器にしたアイヌ・在日コリアン・移民労働者などマイノリティ諸団体の闘いが飛躍的に前進し、差別的法制度の改廃が進んだ。たとえば、一九九六年「らい予防法」(一九五三年制定＝明治期からの数次にわたる改正法)の廃止、一九九六年「優生保護法」(一九四八年制定)の改正(母体保護法)、一九九七年「北海道旧土人保護法」(一八九九年・明治三二年制定)の廃止などがおこなわれ、新たな立法措置が講じられていく契機となった。

このような事態が進んでいく矢先で、この闘いの先頭に立っていた上杉委員長が、一九九六年五月一〇日に逝去されたことは、部落解放運動にとって大きな痛手であった。

第16章 「地対財特法」失効にともなう混迷と新たな運動への転換

一九九〇年代は、国内外の政治経済が大きく変化していくもとで、部落解放運動が苦慮しながら対応策を講じて、日本の人権政策を転換させはじめたことを論述してきた。同時に、部落解放運動は、中央段階での人権の法制度確立の闘いだけではなく、地域からの闘いにおいて頼もしい「底力」を蓄えてきていた。

1 地域で培われた部落解放運動の底力と阪神淡路大震災復興支援活動

◉各地で進みはじめた自発的な「まちづくり」運動

第三期部落解放運動の提案、基本法闘争と連動した条例制定運動、「ムラ自慢・支部自慢」の独自性をもった地域運動の強化などの問題意識を具体化する取り組みが、一九九〇年代から各地で自発的にはじまっていた。それが、周辺地域を巻き込んだ「まちづくり」運動であった。

一九七〇年代から同和行政が全国的に進展していくもとで、各地で取り組まれてきた住環境改善を中心とする「部落解放総合計画」運動が「部落のまちづくり」として低位劣悪な生活環境を大きく変えてきた。全国的にみると、一九九〇年代までに九〇〇〇地区に及んで改良事業が施行され、一三万戸近くの集合住宅が建設され、隣保館（約一〇〇〇館）・教育集会所（約一二〇〇ヵ所）などの公的施設は三一〇〇施設に及んでいた。部落の住環境は劇的に大きく変貌した。

しかし、地区内が整備されてきたにもかかわらず、「部落差別」自体はなくならなかった。当然である。部落差別は、部落の側に問題があって生じているのではなく、部落外との社会関係において存在している。したがって、部落の側の生活環境がいくら進んでも、それだけでは部落問題の根本的解決にいたらないのは道理であった。

そのような問題意識から提起されたのが、「第三期部落解放運動」であった。「部落の内から外へ」「差別の結果から原因へ」「行政依存から自立へ」を闘いの合言葉として、部落内外の共同闘争によって部落問題の解決をめざす方向性であった。換言すれば、部落解放運動を「地区内改善運動」「同和事業受け皿運動」的な弱点から脱却させようとしたのであった。このような新たな発想のもとで、「部落解放総合計画」運動の成果をさらに継承発展させながら、一九九〇年代から各地で「新たなまちづくり」運動が模索されていた。

それは、「ポスト特措法」時代をみすえて、各地区の特性を生かした「ムラ自慢・支部自慢」

の「まちづくり」をめざして、周辺地域や校区・行政区をも巻き込んでいく新たな部落解放運動への挑戦であった。この問題意識と取り組みが、部落解放運動の底力を着実に蓄え、逆差別を乗り越える周辺地域からの信頼も勝ち取っていきはじめた。

この「新たなまちづくり」運動の経験と自信をふまえて、「特措法」失効後の二〇〇三年五月に開催された部落解放同盟第六〇回全国大会は、「新同和行政推進施策基本方針」「人権の法制度確立基本方針」とともに、「人権のまちづくり運動推進基本方針」を「三つの基本方針」として決定し、「人権のまちづくり」運動を全国的な展開へと押し出した。その後、国内外での先進的なまちづくり運動にも学びながら、今日においても継続している。

◉地域福祉運動の着実な前進

もうひとつ言及しておきたいのは、「人権のまちづくり」運動の中核的な政策の柱のひとつである地域福祉運動を一九九〇年代から本格化したことであった。もちろん、福祉課題は常に部落解放運動の生活権保障の闘いとして重要な位置を占めてきたことは事実であるが、政府・行政の社会保障・福祉政策を研究し、「守り」から「攻め」の生活権闘争に打って出はじめたのであった。

この取り組みを内実化させる努力をしたのは、北山誠一《きたやませいいち》中執（和歌山県連／中央生活対策部長）

であった。一九九二年六月に「第一回中央福祉学校」を開催し、社会保障・福祉政策研究と経験交流の場を準備した。この「中央福祉学校」は毎年開催され、今日も継続されている。この学校での学びと経験が、高齢者福祉や障害者福祉などの取り組みにも活かされ、隣保館活動や社会福祉協議会活動のあり方にかかわる政策立案活動を豊富化させていった。また、これまでの地域福祉運動の中心的な担い手であった女性の自立的意識の高揚もあいまって、「全国婦人集会」が「全国女性集会」へと改称（一九九三年三月二七日の第三八回以降）された。このような女性の力に牽引されて、地域福祉運動は部落解放運動の中核的な位置へ躍り出てきたといっても過言ではない。

◉阪神淡路大震災と復興支援活動

一九九五年一月一七日未明、阪神《はんしん》・淡路《あわじ》大震災が発生し、甚大な被害を受けた。この阪神・淡路大震災に対して、全国の部落解放同盟都府県連・支部は、自発的に復興支援の活動に乗り出した。当初は、被災部落への食料・水などの物資支援が中心であったが、すぐに一般地区への復興支援活動へと拡大していった。

このような復興支援活動を可能にしたのは、部落の仲間はもちろんのこと、困難な状況にある人はだれであろうとも放っておくことはできないという部落解放運動の「優しさ」と地域に蓄えられていた部落解放運動の「底力」であった。

この経験が、その後の各地での自然災害に対する支援活動でも発揮されてきたし、とりわけ、二〇一一年三月一一日の東日本大震災復興支援活動においては、同盟組織も存在せず被差別部落もごくわずかしかない東北地方で目覚ましい活動をおこなった。復興支援に最初に動きはじめたのは、兵庫県連の仲間であった。「阪神大震災のときの全国の仲間の支援のありがたさを忘れない」と自発的に取り組みをはじめたのであった。すぐさま、各地の組織も復興支援活動に動き出したことはいうまでもない。

1995年1月17日の阪神・淡路大震災では兵庫県の被差別部落も大きな被害を受けた。写真は西宮市の部落

地域にしっかりと蓄えられてきた部落解放運動の「人間の優しさ」と「反差別の底力」は、二一世紀への新たな部落解放運動の「原動力」となっていった。これこそが部落解放運動の真の意味での強さであった。そして、この「優しさ」と「底力」は、各地におけるまちづくり運動や地域福祉運動のなかで、多様なＮＰＯ法人や社会福祉法人を多数生み出していった。部落解放運動のなかで培われてきた要求闘争における要求別階層別組織が、

「窓口一本化」論争などの教訓もふまえながら、独自の公益法人格をもった組織を生み出したことにより、部落解放運動の幅を広げ、組織や運動のあり方を再考・再構築していく問題意識を現実的な課題に押し出してきていた。

このような時代背景のもとで、一九九七年には部落解放同盟「新綱領」が採択され、階級闘争史観から脱却して「われわれは部落解放の展望をこうした自主・共生の真に人権が確立された民主社会の中に見いだす」との方向を明確にした。

2　「地対財特法」の失効と「人権擁護法案」をめぐる闘い

一九九〇年代の世界的な政治的経済的激変のなかで、部落解放運動は、日本の連立政権時代において苦慮しながらも、地域からの底力を着実に蓄えていった。二〇〇〇年一二月には人権教育・啓発推進法が公布・施行され、引き続いて人権擁護推進審議会の「人権救済制度の在り方について」および「人権擁護委員制度の改革について」の答申を受けて、「地対財特法」失効後の新立法が準備された。

◉小泉内閣による「人権擁護法案」の国会提出

この新規立法が、小泉純一郎内閣によって二〇〇二年三月八日に「人権擁護法案」として、第一五四国会に提出された。

この人権擁護法案には、「差別禁止」条項や救済機関としての「人権委員会設置」条項および被害者の「訴訟援助」が規定されるなど、従来の日本の法制度にはなかった画期的内容が盛り込まれた。

しかし、この法案は積極的な側面を提示したが、同時に重大な欠陥もはらんでいた。最大の欠陥は、人権委員会が法務省の下部機関として位置づけられていたことである。各国に設置される国内人権委員会は、パリ原則にもとづいて政府機関から独立していることが国際的に義務づけられていたが、このパリ原則に違反するものであった。さらに、マスコミなどに対する取材・報道規制も含まれていたために、ただちに国会内外の各界から厳しい反論が起こった。部落解放同盟は、「抜本修正」を求めて闘いを進めた。「差別禁止」と「人権委員会設置」という積極的な面を堅持しつつ、法務省の下部組織の位置づけから外して「独立機関にすること」と「メディア規制を削除すること」が主要な修正要求であった。

◉「人権擁護法案」をめぐる激しい国会論議

この法案をめぐって、二年間四国会にわたって国会論戦が激しくくり広げられた。この間、国連や各国人権委員会の代表が来日して、日本政府や各政党に対し、人権委員会設置にあたっては「パリ原則」を遵守するように強く求めた。

部落解放同盟は、自民党「人権問題調査会」（野中広務《のなかひろむ》会長）に対して抜本修正の要請を強力におこない意見交換の場をもつと同時に、野中提案もあり法務省との水面下での実務的な修正協議も粘り強く重ね、抜本修正による法案成立をめざした。

しかし、法務省の所轄から人権委員会を独立させるという点については、与党・法務省の強い抵抗があり、修正協議は不調に終わった。日本においては、国際人権基準にかかわる基本的な人権の法制度についての考え方が未成熟であることを露呈した。

◉部落解放・人権政策確立要求中央実行委員会への組織改編

国会で「人権擁護法案」をめぐる論戦が本格化したことを受けて、一九八五年に発足した「部落解放基本法制定要求国民運動中央実行委員会」は、二〇〇二年七月二三日、「部落解放・人権政策確立要求中央実行委員会」へと名称を変更した。この名称変更は、一九九五年に「時間差をもって基本法構成部分の分割制定をめざす」という戦術転換をはかった時点で、それに連動しておこなうべきであった。遅まきながら、運動を担う主体の組織にはっきりと戦術転換を反映させるための名称変更であった。

同時に、これから「人権の法制度」確立をめざすにあたって、国籍を超えた運動にするために長らく使用していた「国民運動」の用語を外した。

新たな実行委員会では、「人権教育・啓発推進法の具体化」「差別の禁止と被害者の効果的な救済に役立つ法制度の整備」「人権のまちづくりの推進に役立つ法整備」などを求める活動方針を決定した。

このような方向と連動して、前述したように、部落解放同盟第六〇回全国大会（二〇〇三年五月）は、「新同和行政推進施策基本方針」「人権の法制度確立基本方針」「人権のまちづくり運動推進基本方針」の三つの基本方針を決定し、「ポスト特措法」時代の内実を創出していく運動を提起した。

3 「地対財特法」失効による社会的な混沌状況の現出

二〇〇二年三月末をもって失効した「地対財特法」後のあり方をめぐって、国会では「人権擁護法案」をめぐって激しい国会論戦が展開され、立法不作為状態が長引くなかで、地方自治体では混乱が生じ、差別をめぐる社会状況は混沌とした状態を呈しはじめた。

◉地方自治体の混迷

「地対財特法」が失効し、新たな立法措置が混迷する局面を前にして、地方自治体における同和行政は右往左往しはじめた。ある自治体では、「部落問題は解決した」として同和行政を終結したり、「残された課題は意識問題だけ」として啓発事業のみに縮小したり、「何をしたらいいかわからない」と立ち往生したり、さらには「地区指定がなくなったので同和地区も消滅した」として実態調査を放棄したりと、大きく後退・縮小傾向を示した。

一九九六年の地対協意見具申が示した法失効後の同和行政のあり方が無視された状況であった。意見具申は、「同対審答申は、「部落差別が現存するかぎりこの行政は積極的に推進されなければならない」と指摘しており、特別対策の終了、すなわち一般対策への移行が、同和問題の早期解決を目指す取組みの放棄を意味するものでないことは言うまでもない。一般対策移行後は、従来にも増して、行政が基本的人権の尊重という目標をしっかりみすえ、一部に立ち遅れのあることも視野に入れながら、地域の状況や事業の必要性の的確な把握に努め、真摯に施策を実施していく主体的な姿勢が求められる」としていた。

◉顔が見えない陰湿巧妙な差別事件の横行

このような国・地方自治体での同和行政の混沌状況を反映して、社会的状況も変化しはじめた。「顔が見えない陰湿巧妙な差別事件」が横行してきた。二一世紀になってから急速に普及してきたインターネット上での差別書き込みが氾濫した。東京都連続大量差別ハガキ事件の発生（二〇〇三年）、兵庫で端を発した行政書士等の大量戸籍等不正入手事件（二〇〇五年）、等々があった。さらに、「在日特権を許さない市民の会」（在特会／二〇〇七年一月発足）などのように、「差別して何が悪いのか」という確信的差別主義勢力による差別事件も台頭してきはじめた。

日本社会で、同和行政・同和教育の進展によって一定の「反差別・人権」の社会的価値観・規範が定着されつつある段階にいたってきた一方で、それでもなお根強い差別が現存していることの証左であった。

4 「人権擁護法案」の再提出時における自民党の混乱と反動勢力の台頭

二〇〇三年の衆議院解散により、自然廃案になった「人権擁護法案」は、若干の修正を加えて、ふたたび国会提出される準備が小泉内閣のもとで進められていた。

◉自民党内での反対意見の噴出

二〇〇五年二月の時点で、与党である公明党では「人権擁護法案」の再提出にむけての党内手

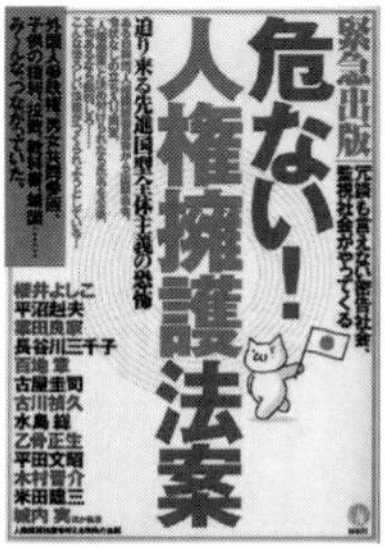

人権擁護法案に反対する右翼の出版活動のひとつ、『危ない！人権擁護法案』（展転社、2006年）

続きを終え、自民党の手続き終了を待つのみになっていた。

その手続きをおこなうために自民党の「人権問題等調査会」（古賀誠《こがまこと》会長）と法務部会の合同会議が開催された。この会議の場で、安倍晋三《あべしんぞう》グループや平沼赳夫《ひらぬまたけお》などから強烈な反対意見が出され、会議は紛糾した。反対理由は、「人権委員会などという強力な権限をもった機関が設置されると、政治活動や表現の自由が規制される危険がある」「人権委員や人権擁護委員任命にあたって国籍条項が欠落」ということであった。この議論の背景には、二〇〇五年に自民党が「新憲法草案」を公表しており、その国権主義的な意向が存在していたであろうことは疑う余地がなかった。

会議はその後も紛糾しつづけ、国会外でも「日本会議」や「新しい歴史教科書をつくる会」などが中心となって右翼街宣車なども大量動員し、激しい反対行動が連日のように展開された。その結果、自民党執行部は七月に「人権擁護法案」再提出を断念した。前述した「在特会」の出現は、このような政治動向と連動したものであった。

◉「国家解体三悪法」という珍奇な論調

この反対運動のなかで、「国家解体三悪法撲滅」というスローガンが掲げられた。当時国会提出準備がされていた「人権擁護法案」「外国人地方参政権付与法案」「選択的夫婦別姓法案」は、日本の国権の主体を蔑《ないがし》ろにし伝統的な家の美風を破壊するものであり、いわゆる国体を解体する「国家解体三悪法」であるとする論調であった。まさに保守主義・国権主義と民主主義・人権主義が激突するものであった。

このような経過のなかで、自民党執行部が法案提出断念を決定したあとに、古賀誠は「人権問題等調査会」の会長を辞任した。

◉「革新」陣営からの差別禁止規定に反対する「表現の自由」論

人権擁護法案をめぐって、保守陣営から反対意見が噴出したが、革新陣営からも反対意見が噴出していた。部落解放同盟が掲げる「抜本修正」の論拠と重なる部分が多くあったが、決定的な違いは「差別禁止は、表現の自由をも規制するものであり、法案そのものを廃案にすべきだ」という主張であった。この主張は、「表現の自由は大事だが、差別する自由はない」とする部落解放同盟の立場とは相反した。

このような主張は、日本の革新的といわれる法曹界や法学者のなかにも強固に存在している考え方であった。「何ものにも規制されない個人の絶対的な自由」を主張する自由主義の立場であり、「他者存在を前提にし、人民間平等の原則を侵害しない自由」を主張する民主主義の立場との決定的な違いであった。

◉対案としての「人権侵害救済法案」の策定と国会提出

自民党が人権擁護法案の再提出を断念する事態にいたったことで、民主党は八月一日に「人権侵害による被害の救済及び予防等に関する法律案」（人権侵害救済法案）を国会に提出した。この人権侵害救済法案は、部落解放・人権政策確立要求中央実行委員会が「人権擁護法案」を抜本修正した対案として策定した法案を基礎に民主党案にしたものであった。この法案は、八月八日に衆議院解散（郵政解散）によって審議未了廃案となった。

5 問われる日本の人権政策・社会政策のあり方と社会運動

◉日本の社会政策の根本土台に切り込みはじめていた部落解放運動

ひるがえってみると、一九六五年に同和対策審議会答申が出され、部落問題解決への国策の方向性が定まって同和行政が展開されてきたが、その方向性の重大転換をめぐって大きな論争が二回おこなわれた。ひとつは、一九八六年の「地対協」路線をめぐる論争であり、もうひとつは二〇〇二年以降の「人権擁護法案」制定をめぐる論争であった。

論争の概要は既述したところであるが、なぜこのような論争が起こってきたのかについて言及しておくことが、これからの日本の差別撤廃・人権政策や社会政策のあり方を考えるうえで不可欠である。

明治以降の日本の伝統的な社会政策は、家の論理を基礎にした国家の統治論理のもとに、優生思想を背景にもつ勤勉・節約・自己責任の倫理観を根底に置いた政策哲学によって立案されてきた。端的にいえば、国権主義的社会政策であった。たとえば、部落差別が存在しているのは、当事者が怠惰・不摂生でちゃんと仕事もせず教育も受けず不埒《ふらち》な生活をしているからだとされ、それは当事者責任であり国や社会の責任ではないとされ、それでも国は憐憫《れんびん》と治安のために困窮者に施しをしてやるという姿勢から社会政策はおこなわれた。

このような国権主義的社会政策の延長線上に同和行政も位置づけられていた側面もあった。同対審答申は、部落問題解決にむけ画期的な内容を有していたが、これを具体的に執行していく行政官僚や政治家のなかには、伝統的な国権主義的社会政策の枠組み内での発想が根強く存在していた。

同対審答申の積極的な基本精神を武器にした部落解放運動は、人権・民主主義の観点から社会政策のあり方を鋭く突き付けていった。いわば、人権・民主主義的社会政策の論理と国権主義的社会政策の論理が激突したのが、「八六年地対協路線」論争と「二〇〇〇年代の人権擁護法案」

論争だったといえる。従来の国家政策の枠組みにおける許容範囲を部落解放運動が乗り越えはじめたために激烈な闘いになったのだとの認識が必要である。

◉問われる日本の人権政策・社会政策のあり方と社会運動

今日では為政者のなかにおいても、人権・民主主義的な社会政策を推進すべきだという意識も相当に浸透してきていることは事実である。一九九〇年代半ばから日本の人権政策・社会政策は着実に人権・民主主義の方向に向かいつつある。二〇〇〇年に厚労省が改正社会福祉法を制定し、従来の「治安の福祉」「措置の福祉」から「権利の福祉」へ基礎構造改革をおこなってきたのも、そのような現れのひとつであった。

このような動きを促進している力は、紛れもなくマイノリティ当事者をはじめとする反差別・人権運動や多様な社会運動である。

社会運動は、為政者との適切な緊張関係を保ちながら、普遍的な価値観として定着してきている「人権・民主主義」の根源的な理解にもとづく社会政策の立案に腐心し、その実現のために広範なネットワークを形成・再構築しながら、必要に応じて為政者との協働の取り組みもおこなっていくというスタンスが必要な段階に立ち至ってきた。人権・民主主義の確立にとって、保革を問わず「何が本物か」ということが、ますます明白になってくるに違いない。

第17章　「二〇〇六年不祥事問題」と運動再生への必死の模索

二〇〇五年の「人権擁護法案」をめぐって激突した保守・国権主義的社会政策と人権・民主主義的社会政策の争点は、日本社会の土台を揺さぶるものであった。それゆえに、保守・国権主義勢力は、人権・民主主義勢力の切り崩しを虎視《こし》眈々《たんたん》と準備していた。

この大仕掛けが、二〇〇六年五月からはじまった部落解放同盟の大阪・京都・奈良などにおける「一連の不祥事」問題にかかわる大キャンペーンと、それを口実にした部落解放同盟と同和行政に対する集中攻撃であった。

もちろん、第一義的には、そのような口実を与えた部落解放同盟の社会的責任が厳しく問われなければならず、社会的謝罪を前提にした運動と組織の「解体的出直し」を迫られるほどの危機的大問題であった。

1　激震が走った「二〇〇六年五月八日」

◉大阪飛鳥会・八尾問題と京都・奈良での一連の不祥事の発覚

二〇〇六年五月八日、部落解放同盟大阪府連飛鳥《あすか》支部の小西邦彦《こにしくにひこ》支部長が、自ら理事長を務める財団法人飛鳥会の収益金（新大阪駅近くの西中島駐車場の収益）を横領した容疑などで逮捕された。その日の新聞各紙の夕刊は、一面トップで「飛鳥会事件」として大々的に報じた。テレビや各メディアも同様であった。この報道に、全国の部落解放同盟組織には激震が走った。

その後も、大阪・八尾市の丸尾問題、京都市現業職員や奈良市職員などの不正問題が発覚し、部落解放同盟の「一連の不祥事」として、連日のようにテレビ・新聞報道による大キャンペーンが数カ月にわたってくり広げられた。この一連の不祥事の二年前の二〇〇四年には、ＢＳＥ（牛海綿状脳症）問題にかかわって農水省の補助金を不正に受給したとして詐欺罪などに問われた「ハンナン牛肉偽装事件」問題があり、これも絡んで、「同和利権」とか「部落＝悪の温床」的イメージがふたたび焼き付けられた。

◉連日のマスコミ報道のもとで萎縮する同盟員

この数カ月に及ぶ部落解放同盟の「一連の不祥事」に対するマスコミキャンペーンは、全国各地で真面目に活動を続けている多くの同盟員家庭を揺さぶった。学校や遊びの場でイジメや罵声を浴びせられた子どもたちは、家に帰ると親たちに「部落解放同盟は、悪いことをする団体なのか」「部落解放運動は誇るべき運動だと言っていたのは嘘《うそ》か」などと問《と》い糾《ただ》し、同盟員は返答に窮し、萎縮せざるをえなかった。

これらの事件をきっかけに、同盟組織を離脱していく人たちも続出した。二〇〇二年の「特措法」失効後から組織人員の減少傾向が顕著になっていたが、その傾向にこれらの事件が拍車をかけたことは事実であった。

◉国会・地方議会での自民党・共産党系議員による同盟・同和行政攻撃

この一連の不祥事を契機に、国会や地方議会で自民党・共産党系議員による部落解放同盟攻撃、同和行政攻撃が一斉に展開された。とりわけ、共産党系の議員たちの攻撃は執拗であった。「部落解放同盟を交渉相手にするな」「同和行政は即刻終結」の主張を繰り返した。これらの攻撃を口実にして、同和行政を終結・縮小する行政も出てきた。「一連の不祥事」という事態を前に、同盟との支持連帯関係にあった議員や共闘団体も沈黙した。

2 戦後最大の危機に対する必死の「点検改革」「再生改革」運動の展開

◉戦後最大の部落解放運動の危機

二〇〇六年は、前年の小泉内閣のもとで「人権擁護法案」の再提出をする準備過程で生じた自民党内の強硬な反対意見によって国会提出が断念された事態を受けて、人権の法制度のあり方について本格的な構想対案の策定と理論武装をはかり、闘いの陣地を再構築する準備を開始した年でもあった。

部落解放同盟第六三回全国大会（三月三日～五日）はこの方向性を確認し、三月三〇日に日本の人権制度のあり方にかかわって提言をまとめるために「人権市民会議」を結成するとともに、同盟の新たな運動展開にむけた組織強化のために「都府県連別支部活動者会議」を六月から実施する準備を進めていた。

この時期の五月八日に「一連の不祥事」は発覚した。部落解放運動は、戦後最大の危機に陥れられた。同時に、この事態は、一九九〇年代の同和対策事業総点検運動が不徹底に終わったことの運動的・組織的「罪罰」でもあり、悔やみきれない事態であった。

◉問題所在を直視し真正面から向き合う姿勢の堅持

この「一連の不祥事」という戦後最大の危機に部落解放同盟がどのように向き合うのかが問われていた。同盟各級機関における指導部のなかでも揺れており、さまざまな思惑が混在していた。

率直にいって、「二〇〇〇以上もある支部の一つひとつにまで目は届かない」「ずっと前から続いていた問題で現執行部の責任ではない」といったような責任回避の雰囲気もあった。あるいは、「権力の弾圧攻撃」とか「マスコミの差別報道」に対する反撃ということで問題所在の矛先をかわすような論調もあった。これらの動向は、本当の危機は外部からの攻撃ではなく内部の組織体質であることを物語っていた。

一連の不祥事における対応姿勢は、大きな社会的影響力を有していた部落解放同盟の社会的責任を回避することなく、小手先の対応ではなく真正面から運動と組織のあり方に向き合わなければならないということであった。

◉二年間にわたる「点検改革」運動の展開と「再生改革」運動への着手

新たな人権政策のあり方と組織強化をめざして準備していた「都府県連別支部活動者会議」は、一連の不祥事の発覚という事態のために、急遽《きゅうきょ》「組織総点検・改革」運動に切り替えられた。一連の不祥事が、大阪・京都・奈良だけに生じた「個人的な問題」や「偶発的な問題」ではなく、「部落解放運動の体質的・構造的弱点」から生じた問題ではないかという観点からの総点検活動であった。この活動は、二〇〇六年一一月から二〇〇八年二月まで二年間にわたって各都府県連を三巡する取り組みとして展開された。

この総点検・改革運動をふまえて、二〇〇八年三月に開催された第六五回全国大会では、第六四回全国大会の基調方針「危機的状況における部落解放運動再生への道」および提言委員会「部落解放運動への提言」(二〇〇七年一二月一二日)を具体化していくために、「部落解放運動の再生に向けた基本課題」を提示した。

第一は、再生・改革運動の継続であり、具体的には「危機意識の大衆的共有」「危機を生み出す運動的・組織的体質を一掃」「特措法時代からの体質脱却への徹底した意識改革」「再生・改革運動の継続」であった。第二に、「部落解放運動への提言」に対する基本対応として、提言を謙虚に受けとめ、その内容の具体化を実現することであった。さらに第三は、「運動と組織の再生」に向けた基本課題として、「規約改正検討プロジェクトの発足」「倫理綱領としての行動指針の策定」「中央理論委員会の常設化と活性化」「情報ネットワーク戦略プロジェクトの創設」「支部・都府県連・中央本部の双方向でのつながり合いのための中央オルグ団の強化」「同盟員総学習運動の展開」であった。

部落解放同盟は、一連の不祥事をふまえた「点検改革」「再生改革」運動を必死の思いで展開した。

3　人権市民会議が「日本における人権の法制度に関する提言」を公表

◉民間団体による「日本における人権の法制度に関する提言」公表

部落解放同盟が、一連の不祥事に全力投球せざるをえなかった状況のもとで、人権の法制度の具体的検討を進めてくれたのは、「人権の法制度を提言する市民会議」（人権市民会議）であった。人権市民会議は、二〇〇二年の政府提出の「人権擁護法案」への対案として、「人権侵害救済法案」の策定にかかわった人たちが中心となって、二〇〇六年三月三〇日に結成された。

代表世話人に、武者小路公秀《むしゃこうじきんひで》・反差別国際運動日本委員会理事長、江原由美子《えはらゆみこ》・東京都立大学教授、江橋崇《えばしたかし》・法政大学教授、事務局長に山崎公士《やまざきこうし》・新潟大学教授が就任した。反差別・人権にかかわって第一線で活躍する学者・研究者、弁護士、人権NGO、マイノリティ団体などで構成された。精力的な会議を重ねて、二〇〇六年一二月五日に『日本における人権の法制度に関する提言』を公表した。

提言の基調は、公権力による人権侵害や差別、市民間における人権侵害や差別に対して、簡易

「人権の法制度を提言する市民会議」の結成総会
（2006年３月30日、東京・憲政記念館）

迅速に実効的な救済をおこなうために、政府から独立した国内人権機関（たとえば人権委員会）を設置することであった。

それに関連して五つの基本課題を提言した。それは、第一に「人権を侵害する法や制度（婚外子の相続分を差別している民法、外国人差別の一因となっている出入国管理及び難民認定法や外国人登録法など）の改廃」、第二に「人権基本法の制定」、第三に「差別禁止法の制定」、第四に「国や自治体が総合的な人権行政を推進していくための体制の確立、指針等の策定」、第五に「人権教育・啓発の推進」であった。

この人権市民会議は、提言をまとめたことでいったん任務を終了させて解散したが、提言内容を具体化していくために、二〇〇七年六月二日に山崎公士代表・金子《かねこ》匡良《まさよし》事務局長体制で再発足し、活動を継続した。

◉部落解放運動が牽引した「日本の人権政策」提言活動

ひるがえってみると、日本ではじめて包括的な人権政策の提言をおこなったのは、一九九三年一一月の部落解放研究所の『日本の人権政策に関する提言』であった。その内容は、「過去の人権侵害に対する謝罪と補償」「国際的な人権の潮流に合流」「世界、とりわけアジア・太平洋州における人権確立に貢献」「国内にある差別を撤廃」「国内に差別を撤廃するための法制度を整備」「差別を撤廃し人権を確立していくために行政機構を整備」「差別を撤廃し人権侵害を救済していくための機関を整備」「国会や地方議会の中に差別撤廃・人権確立委員会の設置」「関係団体と専門家等を網羅した差別撤廃・人権確立審議会を設置」「差別をなくし人権を確立するための教育・啓発の充実」「差別撤廃・人権確立をめざす人権NGOの役割を評価するとともにネットワークの構築」「世界人権宣言四五周年の記念すべき一二月一〇日に細川首相の声明発表を求める」の一二項目であった。

続いて、二〇〇〇年一一月に人権フォーラム21（武者小路公秀代表・江橋崇事務局長／一九九七年一一月一〇日結成――二〇〇二年一二月一二日解散）が『人権政策提言――より良き日本の人権保障をめざして』を公表した。この提言では、日本の人権政策の基本理念を実現するにあたっての「人権政策三原則」を示した。それは第一に、「当事者性」であり「当事者の視点に立った施策の推進と当事者自らによる事案解決に対する適切な支援」、第二に「地域性」であり「地域において人権侵害・差別事案を自ら解決する取り組みの支援」、第三に「総合性」であり「人権侵害の被害者に多面的・多角的な救済を提供する総合的な取り組み」を明確にした。

部落解放運動が現在求める「人権の法制度」確立の取り組みは、これらの三つの提言に示された構想を実現しているのであり、常にこれを検証しながら進めることが肝要である。


◉鳥取県における人権の法制度確立への先駆的取り組みと挫折

このような「人権の法制度」確立にむけて、民間団体や地方行政などが独自に取り組みを展開していたが、鳥取県での試みは特筆に値する教訓として注目すべきものであった。

二〇〇五年一〇月一二日に、鳥取県議会は全国初の「鳥取県人権侵害救済推進及び手続に関する条例」を可決・成立させた。しかし、県弁護士会やマスコミ関係者などからの批判が相次ぎ、いったん凍結扱いとなり、最終的には二〇〇九年四月に「鳥取県人権尊重の社会づくり条例の一部を改正する条例」を施行させたことにより、施行されないままに廃止となった。残念な結果に終わったが、国に先駆けて独自の地方人権委員会を立ち上げようとした意欲的な取り組みは、地方自治主義の観点から高く評価されるものであった。

4　提言委員会からの「部落解放運動への提言」を受領

◉第三者の観点から部落解放運動への直言を求める

一連の不祥事への対応に忙殺された部落解放同盟の状況のもとで、人権市民会議が『日本における人権の法制度に関する提言』をまとめあげて、部落解放運動の後押しをしてくれたが、もうひとつ忘れてはならないのは、「部落解放運動に対する提言委員会」（提言委員会）の活動である。

「部落解放運動に対する提言委員会」の初会合
（2007年3月5日、京都府部落解放センター）

部落解放同盟は自浄能力をもっており、外部に提言を求める必要はないという意見も一部にはあったが、部落解放同盟第六四回全国大会（二〇〇七年三月三日～四日）は、一連の不祥事という事態に向き合うために、同盟の判断が主観的・独善的にならないように外部の視点からみる第三者機関を立ち上げて「提言」を求めることを決定した。

◉寝食を忘れた提言委員会活動

提言委員会は、全国大会直後の三月五日に立ち上げられた。別記のように、上田《うえだ》正昭《まさあき》・京都大学名誉教授（故人）を座長として、一五人で構成された。いずれの人も、部落解放運動に深くかかわり、そのあり方に真摯な思いと熱い

提言委員会の上田座長から『部落解放運動への提言』が組坂委員長に提出された（2007年12月12日、京都会館）

期待を寄せてくれている人たちであった。短い期間に七回の提言委員会と四回の起草小委員会がもたれた。わけても、起草小委員会（沖浦和光《おきうらかずてる》小委員長＝故人、稲積謙次郎《いなづみけんじろう》・桜井健雄委員）は、ホテルに泊まり込みの缶詰め状態で寝食を忘れた起草作業をおこなってくれた。

●歯に衣着せぬ苦言と熱き期待

二〇〇七年一二月一二日に、提言委員会の上田座長から『部落解放運動への提言――一連の不祥事の分析と部落解放運動の再生にむけて』が組坂繁之《くみさかしげゆき》委員長に手交された。

別記の提言目次の項目にみられるように、その内容は、文字どおり歯に衣着せぬ苦言と部落解放運動への熱い期待がにじみ出るものであった。

『部落解放運動への提言――一連の不祥事の分析と部落解放運動の再生にむけて』目次

（1）はじめに――危機的状況を直視する
（2）一連の不祥事の背景の分析と問題点
①生かされなかった過去の教訓
②行政と運動幹部の癒着
③行政要求一辺倒が招いた行政依存体質
④手段（事業）と目的（解放）の本末転倒
⑤内なる敵に対する甘さ
⑥同盟員の意識の落差
⑦独善を生んだ運動論のゆがみ
⑧不正をチェックできなかった組織上の欠陥
（3）部落解放運動再生への道
1.「特措法」時代の光と陰の厳しい総括と意識改革
2. 運動論の再構築
①魅力ある運動の創出
②人権のまちづくり運動の推進
③市民運動との能動的連携の必要性
④新しい文化創造の時代
⑤国際的視点の共有
⑥メディア・インターネット戦略の確立
⑦相互理解と相互変革をめざす糾弾闘争
⑧情報公開と説明責任に耐えうる行政闘争の深化
3. 組織の強化
①自力・自闘を基本にした「行動指針」の策定
②中央本部の指導性と支部のあり方
③内部チェック機能の整備
④人材育成の重要性
⑤規約改正の検討
（4）真の人権政策の確立を求めて
①同和行政の切り捨ては許されない
②人権行政における同和問題の位置づけと内実化
③「人権教育・啓発推進法」等の有効な活用
④個別の人権課題を踏まえた実施計画の策定
⑤縦割り弊害を排した行政総体の取り組みの促進
⑥官民協働の取り組みへの積極的参加
⑦「人権侵害救済法」の早期成立を含む人権法制度の確立
（5）むすび――改革を停滞させないために
①実行できるモデルと目標の提示
②緊急に着手すべき課題
③水平社宣言の今日的意義を踏まえた運動の再生

【提言委員会構成】 上田正昭（京都大学名誉教授／座長） 沖浦和光（桃山大学名誉教授／起草小委員長） 稲積謙次郎（ジャーナリスト／起草小委員） 桜井健雄（弁護士／起草小委員） 松本健男（弁護士） 中山武敏（弁護士） 丹羽雅雄（弁護士） 福田雅子（NHK解説委員） 鎌田慧（ジャーナリスト） 丹羽俊夫（元テレビ朝日番組審査専任局長） 炭谷茂（元環境省事務次官） 竹村毅（元労働省参事官） 寺澤亮一（元全同教委員長） 中川喜代子（奈良教育大学名誉教授） 菱山謙二（筑波大学教授）

【役職名は当時のもの】

5　再生・改革への懸命の努力の継続

◉「提言」をふまえた再生・改革への取り組み

同盟独自の「点検改革・再生改革」の取り組み、提言委員会からの「提言」をふまえた具体的実践は、間断なく続けられた。

まず第一に、倫理綱領としての『行動指針』（第六六回全国大会決定／二〇〇九年三月）が策定された。そこでは、「運動の理念と解放思想」「共感と信頼を生む活動スタイルの基本」「民主的組織運営と社会的責任」「糾弾闘争の必要性と基本」「協働の地域力による新たな共同体の創出」「社会的貢献活動」がうたわれた。第二に、規約改正検討プロジェクトが立ち上げられ、従来の中央統制委員会に替わって「中央規律委員会」設置などの規約改正作業が進められた。第三に、中央理論委員会活動が再開され、綱領改正検討も同時並行的に進んだ。これらの取り組みが二〇一〇年代の新「規約」「綱領」に結実していく。

◉困難に直面したときの基本的な対応姿勢の教訓

一連の不祥事という戦後最大の危機の困難な局面に直面して、大きな代償を支払わなければならなかったが、部落解放運動は多くの貴重な教訓を体得することができた。

それはまず第一に、困難を克服するには困難のど真ん中を突き抜けるのが一番の近道だということである。決して保身のための責任回避や問題所在の核心を避けるような迂回《うかい》路線をとってはならないということであった。

第二に、その困難が大きければ大きいほど、「内から目線」の主観的・独善的な判断だけに陥ることなく、「外から目線」の冷静な客観的判断をあわせもつ姿勢が重要だということであった。

今後も部落解放運動において立ち現れるであろう困難な局面への基本的な対応姿勢として深く心に刻み込んでおく必要がある。

第18章　二〇一一年「綱領改正」と運動の新機軸

二〇〇六年の部落解放同盟の「一連の不祥事」に対する猛省から、部落解放運動の「点検・再生・改革」運動を展開し、新たな運動の方向性の確立と組織の民主的改革をめざしてきた。そして、「行動指針」「規約改正」「綱領改正」など一連の改革方針の策定をおこなった。この時期は、同時に世界や日本でも大きな政治変化が起こりはじめていた。

1　民主党連立政権の誕生と試練

◉米史上初の黒人・オバマ大統領の誕生

二〇〇九年一月二〇日、バラク・オバマがアメリカ合衆国第四四代大統領に就任した。前年の予備選挙でヒラリー・クリントンやジョセフ・バイデンらの候補者に勝利し、民主党の大統領候補となり、一一月四日の大統領選挙で共和党のジョン・マケイン候補を破って大統領に確定した。アメリカ史上初のアフリカ系有色人種の大統領が誕生し、歴史が大きく動いた瞬間であった。この瞬間に、一九八〇年代に二度大統領予備選挙に立ったジェシー・ジャクソン師は、感涙にむせんだというエピソードが伝えられた。

オバマは、新自由主義経済政策やグローバル資本主義に反対し、労働者やマイノリティの生活権擁護・医療保健改革を軸に平和・反核・福祉政策を重視した。そして、一九五〇年代からの公民権運動の指導者であったキング牧師の「I Have a Dream」の有名なフレーズを何度も引用し、人種差別撤廃を訴え、差別の壁を乗り越えてアメリカが「一つになる夢」を力説した。また、政治家としてはジョン・F・ケネディ大統領を敬愛していた。

オバマ大統領は、二〇一七年一月二〇日まで二期八年にわたって大統領を務めた。その評価はいろいろあるが、おおむね高い評価を受けた。二〇〇九年一二月にノーベル平和賞（「核なき世界」への評価）を受賞し、二〇一六年五月二七日には伊勢《いせ》志摩サミット出席後にアメリカ大統領としてはじめて広島平和記念公園を訪問した。

いずれにしても、アメリカで初の黒人大統領が誕生したことは、世界史の流れが「反差別・人権」の潮流を押しとどめることができない段階にきたことを示す快挙であった。

◉民主党鳩山連立政権の誕生

アメリカでのオバマ大統領誕生の影響は、確実に日本にも波及した。当時の日本は、二〇〇五年に「郵政解散」をおこない大勝した小泉純一郎内閣のあとに、安倍晋三－福田康夫《ふくだやすお》－麻生太郎《あそうたろう》が一年ごとに首相交代する不安定な政権となっていた。

オバマ大統領誕生時は麻生首相であったが、二〇〇九年七月に衆議院を解散し、八月三〇日に第四五回衆議院総選挙が実施された。結果は、民主党三〇八議席、社民党七議席、国民新党三議席、共産党九議席で、与党の自民党一一九議席、公明党二一議席であり、民主党が戦後最多の議席数と得票を獲得し、政権交代が実現した。

九月一六日に、鳩山由紀夫内閣が成立した。民主党・社民党・国民新党の連立政権であった。内閣発足当時は支持率が七〇%を超え、国民の民主党連立政権への期待の高さをうかがわせた。「CO_2削減目標の引き上げ」「インド洋派遣の自衛隊の撤退」「公共事業の見直し」などの政策を推し進めたが、小沢一郎・民主党幹事長の強引な政治手法による「党内二重権力構造」の問題が表面化し、政権運営に支障を及ぼしはじめると、急速に鳩山内閣の支持率は低下した。決定的であったのは、沖縄における「米軍普天間基地移設」問題であった。「最低でも県外移設」を選挙時から公約していた鳩山内閣は、既定の「辺野古移設」案を白紙にして移転先を模索したが、結局、既定案に戻さざるをえなくなった。失望した沖縄県民から猛反発を受け、社民党はあくまでも県外移設を求めて連立政権から離脱した。そこに、鳩山首相と小沢幹事長の「政治資金収支報告書」の虚偽記載問題なども絡み、鳩山首相は引責辞任をした。

揺らぐ政権基盤のなかで、二〇一〇年六月八日に菅直人《かんなおと》内閣が成立した。民主党と国民新党の連立政権であった。菅内閣は、「強い経済、強い財政、強い社会保障」を一体的に実現していく「第三の道」の推進によって、財政再建と雇用創出を最大の課題にした。しかし、消費税問題で二転三転する菅首相の発言によって、二〇一〇年七月の参議院選挙で敗北し、参院での過半数割れというねじれ現象が生じた。

この参院選敗北を受けた九月の民主党代表選挙では、菅と小沢が出馬し、反小沢派と親小沢派の深刻な党内抗争が起こった。代表選挙では、菅が圧勝で再選され、幹事長には岡田克也《おかだかつや》が就任した。菅首相は、九月一七日に第一次改造内閣を組閣し、松本龍・部落解放同盟中央執行副委員長が環境大臣兼防災大臣に就任した。

しかし、二〇一一年三月一一日に東日本大震災が発生し、福島原発事故による広範な放射能汚染など甚大な被害を引き起こした。この大震災と原発事故の対応にあたって菅内閣は右往左往し、的確な対処策を打てず、政権運営は行き詰まった。この過程で、六月二七日、新設の復興大臣に就任していた松本龍は、七月三日から被災地入りした際の岩手県知事や宮城県知事とのやりとりの発言がマスコミで「高圧的暴言」と報道され、国会内外で大問題となったことから、五日には大臣辞任表明をおこなった。

この混乱のなかで退陣した菅首相に代わって、二〇一一年九月二日に野田佳彦《のだよしひこ》内閣が成立した。野田首相は、就任前から消費税を五％から一〇％へ引き上げる政策を掲げており、これを推進しようとしたが、党内からも反対の声が大きくなり、離党議員が続出した。

それでも、社会保障・税一体改革関連法案の成立に突き進んだ野田内閣は、三次にわたる内閣改造をおこない、人心一新・体制強化をはかろうとしたが、小沢グループをはじめ大量の離党者の増加に歯止めはかからず、二〇一二年一一月一六日に苦し紛れの衆議院解散をおこない、一二月一六日の第四六回総選挙では民主党は五七議席しか獲得できず惨敗を喫し、自公連立第二次安倍内閣へと政権は交代した。

2 民主党連立政権のもとでの部落解放・人権政策確立要求の闘い

◉民主党政権の誕生により拡大する人権政策確立への「期待」

民主党政権が成立したもとで開催した部落解放同盟第六七回全国大会（二〇一〇年三月三日～四日／東京）は、「国内人権機関（人権委員会）の創出を柱とする「人権侵害救済法」の早期制定」「行政機構としての人権省（庁）の創設」「立法府に人権問題を議論する常設機関の設置」「えん罪防止のための「可視化法案」の制定や証拠開示のルール策定」「国連での「職業と世系にもとづく差別を撤廃するための原則と指針」の公式文書化などの実現」を重要課題として全力を傾注することを決定した。

そこには、村山連立政権のときに味わった「無念」の気持ちの裏返しとして、民主党連立政権に対する大きな期待が込められていた。

現実に、二〇〇九年九月一六日の鳩山内閣の発足時に、千葉景子《ちばけいこ》法務大臣は就任会見で「人権救済機関の設置」を第一の課題として表明していたし、鳩山首相は、松岡徹《まつおかとおる》・参議院議員（部落解放同盟中央書記長）の参議院本会議における代表質問に対して、「政府から独立性を持った人権救済機関を創設することは非常に重要な発想だと思っております。できるかぎり早期に、人権救済機関の創設等を目的とする法案を国会に提出できるように努力をお約束をいたします」（二〇一〇年二月三日、第一七四通常国会）と答弁していた。

その後の菅首相、野田首相も同様の姿勢は示していたが、結局、民主党政権時代には、狭山事件にかかわって「取り調べ可視化法」制定への取り組みが進んだものの、部落解放同盟が求めていた人権政策にかかわる重要課題は、実現することはなかった。

◉部落解放・人権政策で迷走する民主党

なぜこのような事態になったのか。民主党内ではすでに党議決定している「人権侵害による被害の救済及び予防等に関する法律案」（人権侵害救済法案）を与野党協議にかけて第一七四通常国会に提出する準備を進めていた。

この準備過程で、民主党内に法案への強固な反対意見が出てきた。松原仁《まつばらじん》・衆議院議員（東京三区）を中心とするグループであった。松原議員は、「日本会議」にも所属しており、「外国人地方参政権付与法案」に反対し、「首相の靖国参拝」には賛成するという政治的立場であった。人権侵害救済法案反対の理由は、二〇〇五年に小泉内閣が「人権擁護法案」を再提出しようとした際に、猛烈な反対をした安倍晋三議員のグループと同質であった。

歴代の民主党内閣と党執行部は、これらの反対グループを説得しきれず、法案を国会提出できなかった。民主党の政権基盤が寄り合い所帯であったことの脆弱《ぜいじゃく》さに加え、前述したように常に激烈な「党内の派閥抗争」が渦巻いていたことが背景であった。

◉「人権委員会設置法案」の提出と解散による廃案

それでも、民主党連立政権の最後の野田内閣（二〇一一年九月二日発足）のもとで、困難な状況は存在するが、「人権侵害救済法案」の趣旨をふまえながら、何とか「国内人権機関」だけでも設置させようという取り組みが続けられた。

二〇一二年九月一九日に「人権委員会設置法案」が閣議決定された。その内容は、当初の「人権侵害救済法案」からは大きく後退するものであり、人権委員会の組織的位置づけが「法務省外局」とされるとともにその権限・機能は大きく縮小された法案であり、まさに苦渋の選択を強いられたものであった。しかし、この法案でさえ、国会提出されたのは、閣議決定から二カ月後の一一月九日であった。「人権委員会設置法案」「人権擁護委員法の一部改正法案」が国会提出されたが、すでに衆議院解散が既定路線として進んでいる時期であり、一一月一六日に衆議院が解散され、法案は一切審議されることもなく廃案となった。いわば、廃案を前提にした形だけの国会提出であり、野田内閣と民主党執行部の本気度が疑われ、村山内閣に続き、またしても「裏切られた」という事態となった。

このような事態は、「社会党だから」とか「民主党だから」とかで支持判断をするのではなく、所属政党は考慮したとしても、結局は政治家個々人のあり様を見極めて日常的に強固な支持協力関係を築きあげていく必要性があるとの認識を部落解放同盟に強烈に示唆したものであった。

◉民主党政権のもとでの二人の組織内議員

民主党連立政権時代には、部落解放同盟の二人の組織内国会議員が活躍した。一人は、松本龍副委員長（一九九〇年衆議院福岡一区で初当選以来連続七期）であり、もう一人は松岡徹書記長（二〇〇四年参議院比例区で初当選一期）である。

松本副委員長は、菅第一次改造内閣のもとで部落解放運動史上初の環境大臣兼防災大臣（二〇一〇年九月一七日～二〇一一年六月二七日）に就任し、二〇一〇年の「生物多様性条約締約国会議」で議長を務め、絶望的といわれた「名古屋議定書」（COP10）をまとめあげたことは国際的にも高い評価を受けた。しかし、二〇一一年三月一一日に発生した東日本大震災の復興を担当した初代の復興対策大臣（二〇一一年六月二七日～七月五日）のときに、現地入りした際の岩手・宮城県知事とのやりとりの発言が「高圧的な暴言」としてマスコミ報道され、就任後わずか九日で辞任に追い込まれた。この辞任劇と民主党への大逆風の影響で、二〇一二年一二月の総選挙で落選し、七期二二年間の政治活動に終止符を打った。

生物多様性条約締約国会議（COP10）で議長を務めた松本龍・環境大臣（2010年10月30日、名古屋）＝環境省

松岡書記長は、民主党政権誕生前から民主党「次の内閣」でネクスト法務副大臣（二〇〇七年九月）に就任し、人権政策推進や狭山事件などの再発を防ぐための法制度確立に奮闘した。冤罪事件の再発防止への「取り調べ可視化法」の制定や「証拠開示ルール」の策定で牽引力《けんいんりょく》となるとともに、「ホームレス問題」、「共謀罪」反対、「永住外国人住民の地位向上」推進、「日朝国交正常化」推進で奮闘した。しかし、民主党政権への逆風が吹きはじめていた二〇一〇年の参議院選挙で落選した。

部落解放同盟は、一時は五人の組織内国会議員をかかえていたが、松本・松岡の衆参議員を失ったことで、国政での組織内議員が皆無になった。これは戦後初の事態であり、部落解放運動の退潮傾向を明白に物語っていた。

3　二〇一一年「綱領改正」と運動の新機軸

部落解放同盟は、このような政治状況や運動の現状に苦慮する一方で、二〇〇六年の「一連の不祥事」に対する全組織をあげた「点検・改革」「再生・改革」運動を通じて、『行動指針』の倫理規程の策定、『規約』の改正、『中央組織規律委員会の組織および規律・統制事案の処理等に関する規程』の策定をおこない、総仕上げとしての『綱領』改正を部落解放同盟第六八回全国大会

（二〇一一年三月三日〜四日、東京）で決定した。

新綱領では、従来の教条主義的な階級史観から脱却し、憲法の基本精神を具体化するもとで部落解放を展望することを打ち出し、はじめて「部落解放の状態」に関する提示と具体化への「五つの条件」および条件整備への「一三の基本目標」を打ち出した。それらの考え方を詳説するために『「部落解放同盟綱領」解説のための基本文書』をあわせて採択した。

新綱領を決定した部落解放同盟第68回全国大会（2011年3月3〜4日、東京）

◉民主主義・人権確立社会に部落解放を展望

まず、「部落解放同盟は、部落民とすべての人びとを部落差別から完全に解放し、もって人権確立社会の実現を目的とする」とし、運動の性格を「部落解放運動は、部落差別の不当性を糾弾し、排除なき社会参加をかちとり、差別・被差別の関係を克服していく社会連帯を実現する運動である」と規定した。すなわち、民主主義的な社会連帯の運動を通じて、人権確立社会を実現することによる部落解放の展望を明示した。

◉「部落解放の状態」に関する提示（五つの条件と一三の基本目標）

続いて、「部落解放が実現された状態とは、部落民であることを明らかにしたり、歴史的に部落差別を受けた地域が存在していても、何らの差別的取り扱いや排除・忌避を受けることなく人間としての尊厳と権利を享受し、支障なく自己実現ができる社会環境になることである」と規定した。

そして、この状態をつくりだすための五つの条件を提示した。

「部落が解放された社会環境や状態をつくりだすためには、憲法の基本精神の具体化を通じて次のような条件を整えることが必要である。

第一の条件は、部落民の人間としての尊厳が確保され、人間らしい生活を安心して営むことができていることである。

第二の条件は、部落差別の禁止や差別の再発防止、差別被害の救済などにかかわる法制度が整備されていることである。

第三の条件は、国際的な人権基準などを踏まえた人権教育・啓発が社会の隅々までいきわたり、差別を許さない人権文化が確立されていく基盤整備ができていることである。

第四の条件は、差別撤廃・平等化実現への公的な行政責任が明確にされ、必要な差別撤廃への積極的な是正措置をとることができる行政機構の確立がはかられていることである。

第五の条件は、共生の権利の承認が根づいた新たな地域社会・共同体が創出され、人と人との豊かなつながりの構築が実現されていることである。」

端的にいえば、五つの条件とは、「人間の尊厳と生活権の確保」「人権の法制度の確立」「人権教育・啓発の徹底による人権文化の創造」「人権行政機構の充実・確立」「共生の権利の承認が根づいた地域社会の構築」であった。

さらに、この五つの条件をつくりだすために、一三の基本目標を取り組み課題として提示した。

「部落解放同盟は、部落解放へ向けた社会的条件をつくりだすために、具体化への基本目標を次のように設定する。

①就労・教育を軸とした被差別当事者の自立支援システムの構築
②誇りうる被差別部落の伝統芸能や技能の発掘と継承・発展
③国内人権機関の創設および自治体の人権救済制度の確立
④「人権基本法」・「差別禁止法」の制定
⑤国や自治体の総合的な人権行政推進体制の確立
⑥国際人権システムの活用やアジアでの地域人権システムの確立

⑦身分意識の強化につながる天皇制および天皇の政治的利用への反対と戸籍制度などの人権を侵害する法や制度の改廃
⑧公教育やメディア、企業や宗教、各種団体や地域など社会のあらゆる場で、差別的な社会意識を克服するための人権教育・啓発の推進と人権文化の創造
⑨雇用の機会均等の実現と平等の実質化、公正採用の徹底、同一価値労働同一賃金の原則の確立など差別なき労働権の確立
⑩生活保護制度、年金制度、最低賃金制度等の抜本的改革による社会的安全網（セーフティネット）の具体的構築を通じた社会保障の充実
⑪反差別的視点からの税財制のあり方の適正化や社会的富の再分配の公正化
⑫社会的包摂（ソーシャル・インクルージョン）構想などの具体化による排除なき社会参加の実現をめざす人権のまちづくり運動の推進体制の確立
⑬「戦争は最大の差別であり人権侵害である」との認識のもとに、平和と環境を守るとりくみによる持続可能な社会の構築」

これらの「一三の基本目標」は、今後の部落解放運動のなかでさらに精緻化され、運動方針として具体化されていくべきものである。

◉水平的社会連帯の追求

新綱領は結語において、水平社宣言が部落解放運動の思想的源泉であることを確認しながら、「部落解放同盟は、自らの力の源泉が部落解放運動の長い歴史の中で培われてきた思想と理論の力であり、自覚的な大衆的団結の力であることを改めて確信する。そして、運動の社会的責任の自覚と倫理性の堅持にもとづいた自主解放の旗を高く掲げながら社会的連帯をつくりあげる。他者依存からの脱却と仕事・雇用などの自力創出を基盤に新たな地域力を生成し、差別なき人権確立社会の実現をめざし、人権・平和・環境を基軸とした闘いに邁進する」とうたいあげた。

すなわち、部落解放運動は、一〇年後の水平社創立一〇〇年をみすえて、「人権の法制度」確立運動、「人権のまちづくり」推進運動、「人権教育・啓発」強化運動の三大戦略課題を設定し、水平的な社会連帯によって部落解放を展望する新機軸を打ち出した。部落解放運動は、再生への道を歩み出した。

第19章　部落差別解消推進法の積極的活用と「誇りの戦略」

二〇一二年末の第二次安倍政権の成立以来、「人権侵害救済法」や「人権委員会設置法」などの部落問題にかかわる人権政策は完全に黙殺された状態であった。

そのような政治状況のもとで、二〇一六年の四月から「障害者差別解消法」が施行され、五月に「ヘイトスピーチ解消法」が成立・施行（六月）、一二月に「部落差別解消推進法」が成立・施行された。まさに「差別解消三法」が施行された画期な年となった。

この部落差別解消推進法に関しては、多くの論述がすでになされており、筆者自身も『冬枯れの光景』下巻の「第三部　同対審答申と『特別措置法』時代への考察」において「第九章『部落差別解消推進法』制定の意義と課題」で詳述しているのでそちらを参照してもらうとして、ここでは簡潔に記述しておきたい。

1　部落差別解消推進法制定の背景と評価

◉法制定にいたる経緯と問題点

部落差別解消推進法の制定については、ある種の唐突感を否めない面がある。人権政策について後ろ向きであった安倍政権の基本姿勢からすると、突然に浮上してきたようにみえる。しかし、そうではない。仕掛け人は、二階俊博《にかいとしひろ》・自民党総務会長であった。そして、二階総務会長を動かしたのは、部落解放同盟和歌山県連合会の粘り強い働きかけであった。そこには、部落解放基本法制定運動の強力な取り組みがあった。故中澤敏浩《なかざわとしひろ》・県連委員長から藤本哲史《ふじもとてつふみ》・委員長へと継続された二階議員に対する恒常的な働きかけが功を奏したものであった。

二〇一五年一一月一六日、二階総務会長は、自らが実行委員会委員長となって「人権問題の解決に向けた和歌山県集会『人権フォーラム』―実効性のある法制度制定を求めて―」を開催し、部落問題解決にむけての「法制定の必要性」を訴えた。そして、安倍チルドレンである稲田朋美《いなだともみ》・自民党政調会長に講演をさせ、「部落差別の問題についてインターネットの匿名の社会で、その侵害が広がっているという現実は……、放置はできない」として、法的必要性について「議論を深めていきたい」と述べさせ、自民党内での部落問題にかかわる「法」制定への条件整備を一気に加速させた。

二〇一六年三月一〇日に、自民党政務調査会法務部会に「差別問題に関する特命委員会」（平《ひら》沢勝栄《さわかつえい》・委員長）が発足し、「ヘイトスピーチ」問題、「年齢差別」問題などとともに、ただちに「部落問題に関する小委員会」（山口壮《やまぐちつよし》・小委員長）も設置された。

これらの議論を経て、二〇一六年四月四日に、自民党法務部会・特命委員会合同会議で「本邦外出身者に対する不当な差別的言動の解消に向けた取組の推進に関する法律案」（「ヘイトスピーチ解消法案」）を決定し、四月二八日には自民党法務部会・特命委員会・小委員会合同会議で「部落差別の解消の推進に関する法律案」（「部落差別解消推進法案」）を決定した。そして、五月に「ヘイトスピーチ解消法」が成立、六月に施行された。同じく、五月に衆議院法務委員会に「部落差別解消推進法案」も提出されたが、継続審議となり、同年一二月の第一九二臨時国会で成立・施行された。

解放新聞
号外
「部落差別解消推進法」が成立
部落差別は社会悪
人権の法制度確立の第一歩
談話
部落差別撤廃に向けて
さらに運動を強めよう

2016年12月9日に「部落差別解消推進法」が参院本会議で可決・成立したことを伝える「解放新聞」号外

◉法の積極面と問題点
部落差別解消推進法は、積極面と問題

点を有していることを明確に認識したうえで、部落差別解消にむけて積極的に活用するという方向性を部落解放同盟は打ち出した。

法律の評価できる部分は七点であった。第一に、部落差別が現存するという現状認識を示したこと（部落差別の存否論議に決着）。第二に、「部落差別」という明確な用語を使用したこと（曖昧な「同和」概念からの脱却）。第三に、「部落差別が許されないものである」と消極的ながらも禁止規定を入れたこと。第四に、「部落差別の解消を推進し、もって部落差別のない社会を実現することを目的とする」との明確な目的規定をしたこと。第五に、「相談」「教育・啓発」に国と自治体が取り組むことを明示したこと。第六に、「実態調査」の必要性を明示したこと。第七に、部落問題解決までの恒久法にしたことであった。

問題点は五点であった。第一に、差別撤廃への施策が、国では義務規定（消極的表現）になっているものの、地方公共団体では努力規定であり実効性が薄弱なこと。第二に、明確な差別禁止規定がないこと。第三に、差別被害者救済規定が欠落していること。第四に、施策進展状況の把握や実態調査のやり方を検討したり、その結果をふまえて部落差別解消にかかわる基本政策の検討をおこなうための審議会設置規定が欠落していること。第五に、基本方針・基本計画の策定規定が欠落していることであった。

◉参議院附帯決議の問題点

法律の成立にあたって、参議院法務委員会で採択された附帯決議は、大いなる問題点を含むものであった。その第三項において「国は、部落差別の解消に関する施策の実施に資するための部落差別の実態に係る調査を実施するに当たっては、当該調査により新たな差別を生むことがないように留意しつつ、それが真に部落差別の解消に資するものとなるよう、その内容、手法等について慎重に検討すること」とした。この項目は、共産党議員が執拗かつ強硬にねじ込んだものであった。

この「当該調査により新たな差別を生むことがないように留意」という決議が、国や地方自治体による部落実態調査において、当事者や当該地区を不可視化し、排除するための論理として機能する事態を惹起することになった。それは、法務省が実施した「法六条調査」の報告書に端的に現出した。

さらに、前述した「和歌山県人権フォーラム」で講演した稲田自民党政調会長が説明した自民党の人権関連施策方針の論理も多くの問題点を含むものであった。すなわち、「人権や差別の定義が曖昧」だから、「権限の強い人権委員会設置には反対」であり、「人権委員会の設置は表現の自由や政治活動の自由が損なわれる危険」があり、「人権や差別にかかわっては包括法ではなく個別法で対応」するという論理であった。これらの論理は、「差別」「人権」「平等」「民主主義」

にかかわって一知半解を示す論理であり、今日の国際人権基準からもほど遠い水準の理解であった。

◉「法」の積極的活用への動きと課題

部落解放同盟は、部落差別解消推進法の「積極的活用」の方針を打ち出した。具体的には、「相談体制の充実」「教育・啓発の推進」「自治体レベルでの実態調査の実施」「人権委員会の創設」「人権侵害救済法の確立」が求められた。前述した法の積極面を武器にした取り組みを進めつつ、問題点を克服していくという姿勢であった。

部落差別解消推進法の制定によって、政府各省庁からの通達や要請文が出されてきた。総務省は、(一社)電気通信事業者協会など大手四業界団体あてに「インターネット上の部落差別を助長する情報の取扱いについて」(二〇一七年一月五日付)という要請文を出した。国土交通省からは、(公社)全国宅地建物取引業協会連合会あてに「不動産業に関わる事業者の社会的責務に関する意識の向上について」(二〇一七年九月一四日付)の要請文が出された。

さらに、法務省からは、法務局人権擁護部長・地方法務局長あてに「インターネット上の同和地区に関する識別情報の摘示事案の立件及び処理について」(二〇一八年一二月二七日)という依命通知が出された。この依命通知は、「同和地区に関する識別情報の摘示は、目的の如何を問わず、それ自体が人権侵害のおそれが高い、すなわち違法性のあるもの」と踏み込んだ指摘をした。しかし、後述するように、依命通知は、「両刃の剣」としての危険を内包していることも認識しておく必要がある。

また、昨今メディアで部落問題が取り上げられることが少なくなってきていたが、「法」制定以降、ふたたびテレビや新聞各紙で報道されるようになってきた。

◉広がる「自治体条例」制定の取り組み

とりわけ、地方自治体での取り組みが活性化しはじめてきた。もちろんこの動向は、「法」制定を受けて部落解放同盟が地方自治体レベルでの具体化を強力に求めた運動に連動したものであった。

具体的には、「部落差別解消推進法を受けた条例の制定・改正」「法の普及・宣伝活動」「ネット上の差別情報の監視体制」「部落問題学習の教材作成」「市民啓発のパネル展の開催」「実態調査の実施」などの取り組みが広がった。

条例制定では、兵庫県たつの市が全国に先駆けて、二〇一七年一二月に「たつの市部落差別の解消の推進に関する条例」を制定した。内容的にも「法」の問題点を是正した条例であった。この条例にもとづいて二〇一九年一一月には実態調査が実施され、この調査結果をふまえて、たつの市部落差別解消推進審議会から「たつの市部落差別解消推進基本計画の策定について」の答申が市長あてに出された。

この条例制定運動は、各地で強力に展開されており、奈良県、和歌山県、福岡県、東京都、大阪府、鳥取県、宮崎県、鹿児島県、愛知県などの都府県レベルですでに条例が制定され、市町村レベルではさらに着実な広がりをみせている。

◉国連・人種差別撤廃委員会からの勧告

一九八八年に結成された反差別国際運動（ＩＭＡＤＲ）の活動によって、国連人権諸機関は日本の人権状況について強い関心を示すようになり、いくたびも日本の人権状況に関して「懸念と勧告」を表明してきた。

国連・人種差別撤廃委員会は、二〇一八年八月二八日に「日本の第一〇・一一回定期報告書の審査を踏まえた総括所見」を採択した。総括所見では、部落差別解消推進法が制定されたことを歓迎すると同時に、部落問題に関して「四つの懸念事項」を示し、「八項目の勧告」をおこなってきたことも留意しておく必要がある。紙面の関係で、例示することができないが、今後の「法」改正運動にとっても重要な示唆になるものであった。

2 「法六条調査」報告書の課題と問題

部落差別解消推進法第六条の「国は、部落差別の解消に関する施策の実施に資するため、地方公共団体の協力を得て、部落差別の実態に係る調査を行うものとする」との定めにもとづく実態調査が実施され、二〇二〇年六月に報告書が出された。いわゆる「六条調査」報告書である。

実態調査が実施されたこと自体は評価するにしても、そのやり方は大いに問題をはらんだものであり、部落差別解消推進法とその成立過程に内包していた懸念が現実のものとして露呈してきたとの認識を余儀なくされた。

◉有識者会議構成の問題点

部落差別にかかわる実態調査の実施にあたって、法務省管轄の「有識者会議」が設置された。坂元茂樹《さかもとしげき》・同志大学教授を座長として、稲葉昭英《いなばあきひで》・慶応大学教授、石田法子《いしだのりこ》・大阪弁護士会所属弁護士、佐藤佳弘《さとうよしひろ》・武蔵野大学教授、関正雄《せきまさお》・損保ジャパン日本興亜CSR室シニアアドバイザー、大久保貴世《おおくぼたかよ》・(一財)インターネット協会主幹研究員の六人で構成された。

それぞれに有能な人たちだとは思うが、その経歴や実績からみて部落問題に精通した人たちとは筆者には思えない。百歩譲っても、精通者と思われる人が一人も構成員のなかにいないというのは、有識者会議の質が問われる問題であった。

部落差別にかかわる当事者や精通者からヒアリングをおこなえば事足りるという問題ではないことは明白であった。まさに、「当事者抜きに当事者のことを決めるな」である。

◉調査方針の問題点

この有識者会議は、二〇一七年七月から二〇一八年一月にかけて九回の会議をもち、「実施すべき調査内容」として四項目を設定した。すなわち、「法務省の人権擁護機関が把握する差別事例の調査」「地方公共団体（教育委員会を含む）が把握する差別事例の調査」「インターネット上の部落差別の実態に係る調査」「一般国民に対する意識調査」であった。

従来の部落差別実態調査のあり方からみると、肝心の被差別部落の生活環境実態の把握が調査項目から外され、調査対象自体がきわめて限定されていた。なぜこのような調査がまかり通るのであろうか。

◉「六条調査報告書」の問題点

それでも、「六条調査」報告書は、今日においてもなお部落差別が厳存している実態を示した。しかし、被差別部落の当事者や地域を調査の対象から排除することでほんとうに部落差別実態の正確な把握ができたといえないことは自明である。

そこには、真剣に部落問題の解決に資するための実態調査をおこなおうとする姿勢はみられず、参議院附帯決議の「当該調査により新たな差別を生むことがないように留意」という項目を盾にして、当事者を排除した糊塗《こと》的な調査をおこなったのではないかとの疑義が残る。

「特措法」失効にともない「地区指定」が消失したもとで、被差別部落や当事者を摘示することになる部落差別実態調査が、「新たな差別を生む」差別調査になるという屁理屈《へりくつ》が存在しているとするならば、「特措法」以前におこなった政府の部落実態調査はすべて「差別調査」であったということになる。この論理矛盾に政府は明確に答える責務がある。

部落差別の存在は、主観的判断を超えた客観的事実なのである。この客観的事実を立法事実として部落差別解消推進法は制定されたはずである。それにもかかわらず、このような実態調査が実施されるとするならば、そこに被差別当事者・地区を不可視化・周縁化・外部化しようとする政治的意図があるのではないかとの推察も、あながち穿《うが》った見方だとはいえないであろう。

3 「誇りの戦略」を貫く部落解放運動の正念場

◉部落差別解消推進法制定以降の政府・司法の動向への懸念

部落差別解消推進法は、多くの積極面を有しているがゆえに、積極的活用ということで具体化の取り組みを進めると同時に、問題点を克服するための「法の強化・改正」の取り組みも進めていく必要がある。部落解放同盟の方針が指摘しているとおりである。

その際に、政府・司法の動向に懸念材料が出てきていることにも強い関心と警戒心をもつことが重要になってきている。すなわち、部落差別が存在しているのに、その実態を存在していないかのごとく扱う「隠しの戦略」が静かに浸透しはじめているのではないかということである。

この懸念すべき動向認識にあたって、困難な状態を生み出しているのは、「部落差別をなくす」という姿勢をみせながら、実際には「寝た子を起こすな」意識や「丑松《うしまつ》」思想が存在する事態に乗っかって、被差別当事者や地区をなきものにしていこうとする事態が進行していることである。新たな「隠しの戦略」である。

参議院附帯決議の「調査により新たな差別を生まないように留意」とか、法務省依命通知の「同和地区に関する識別情報の摘示は、目的の如何を問わず、人権侵害のおそれが高く、違法性のあるもの」とか、示現舎《じげんしゃ》・鳥取ループ裁判の東京地裁判決における、差別認識を欠落・回避しプライバシー権に矮小《わいしょう》化した判断にもとづき、救済対象を都府県で地域限定したり、自らの出自を公表している者を救済から排除するなどとかの動向は、「誇りの戦略」を「隠しの戦略」に落とし込める危険性を帯びている。

◉「誇りの戦略」と「隠しの戦略」のせめぎ合いの歴史

水平社創立以来、「誇りの戦略」は、部落解放運動一〇〇年を貫く基調であったし、今後もそうである。逆にいえば、部落解放運動の歴史は、「寝た子を起こすな」論や「丑松」思想という「隠しの戦略」との闘いでもあった。

当事者のなかに「曝露《ばくろ》されることへの不安や恐れ」があることは事実であるが、その事実は運動的「配慮」の次元の問題であり、当事者間の対話と合意を通じて乗り越える問題である。部落解放運動は、断じて「隠しの戦略」を可能にする事実の前に拝跪《はいき》することがあってはならず、ましてや「部落解放の論理」や「誇りの戦略」の論理的根拠にそれらの事実を置くような余地をつくってはならないことを肝に銘じておく必要がある。

◉揺るぎなき「誇りの戦略」の堅持

「誇りの戦略」は部落解放論の主軸であって、現行法理や制度論の枠内に収めてはならない論理であり、差別の現実を「突き抜ける論理」として維持されなければならない。

立法・行政・司法の場で、巧妙に部落問題を不可視化・周縁化・外部化し、「隠しの戦略」に道を開こうとする傾向がみられるもとで、「それがどうした！」という気概をもって自らの故郷を胸を張って名乗る揺るぎなき「誇りの戦略」を堅持する論理と闘いの再構築が急務である。

とりわけ、部落差別解消推進法附帯決議、法務省依命通知、法務省「六条調査」、鳥取ループ・示現舎東京地裁判決などに対する「誇りの戦略」からの批判的理論構築が急務となっている。

第20章　水平社創立一〇〇年の地平からの「部落解放への展望」

最後に、水平社創立一〇〇年の節目にあって、戦後部落解放運動史の検証と再考の営みを通じた「部落解放への展望」を提起しておきたい。

1　継承すべき水平社宣言の基本精神

部落解放運動が一〇〇年間にわたってその根底に置いてきた水平社創立時からの基本精神は何であったのか。創立大会の「宣言」「綱領」「決議」から今日的意味を読み解き、共有財産として確認しておく必要がある。

まず第一は、徹底した「人間讃歌《さんか》」の思想である。「吾等《われら》の中より人間を尊敬する事によって自ら解放せんとする者の集団運動を起せるは、寧《むし》ろ必然である」という考え方にみられるように、短い宣言文のなかで「人間」という表現が一〇回も使用されている。水平社宣言における

「人間」の意味は、他者存在を前提とした人類性・複数性と一体化した概念であり、長い差別への怨念や復讐《ふくしゅう》ではなく、差別の双方悲劇性に対する深い洞察から「人間を尊敬する」ことによって、差別－被差別の関係性を乗り越え、部落問題を解決しようとする姿勢を打ち出した。この部分は、まさに水平社宣言の真髄である。

第二は、「誇りの戦略」を鮮明にしたことである。被差別の社会的立場の可視化と人間的誇りへの揺るぎない自覚である。それは、「吾《わ》が特殊部落民よ団結せよ」「吾々がエタであることを誇り得る時が来た」と差別語を敢えて使用しながら反転攻勢の姿勢を堅持し、「呪はれの夜の悪夢のうちにも、なほ誇り得る人間の血は、涸《か》れずにあった」ことへの自負と自覚にもとづいている。「誇りの戦略」は、部落民の人間存在をかけた覚悟と決意であり、部落解放運動において微《み》塵《じん》も揺るがしにしてはならない戦略である。

第三は、「自主解放」の思想である。綱領第一項で「部落民自身の行動に依《よ》って絶対の解放を期す」とうたいあげた。温情や憐憫にもとづく融和運動・融和行政への決別であった。

第四は、「人間性・人類性」への立脚である。「人の世に熱あれ、人間に光あれ」の宣言の結語と綱領第三項で「吾等は人間性の原理に覚醒し人類最高の完成に向って突進す」と崇高な理念を明示した。

第五は、差別に対する断固たる「抵抗権」（糾弾）の行使である。決議の第一項に糾弾の論理を示し、「吾々に対し穢多及び特殊部落民等の言行によって侮辱の意志を表示したる時は徹底的糺弾を為す」との決意を明確にした。

第六は、反差別の「多様性・多元性」の包摂である。水平社宣言には、社会主義、人道主義、キリスト教、仏教等々の立場からの主張が随所に組み込まれており、「格調高き雑炊（七草粥《ななくさがゆ》）」の文体になっているがゆえに、部落差別をなくそうという多様な社会的階層の人たちを惹《ひ》きつける求心力が存在していることである。

しかし同時に、水平社宣言は時代背景も反映しており、今日時点からみると弱点ももっていることに留意しておかなければならない。

第一の弱点は、「兄弟」「男らしき産業的殉教者」の表現にみられるように、ジェンダー平等の視点が欠落していることである。

第二は、「特殊部落民＝エタ」の構図によって、他の五〇を超える前近代賤民層の結集を軽視・排除する結果になっていることである。

第三は、「大正一一年三月三日」と元号表記されているように、「貴族あれば賤族あり」とした部落解放運動の基本である天皇制批判の視点が欠落していることである。

以上のような弱点に対して、「時代の制約」だから「仕方がない」で済ませることなく、歴史的文書である「水平社創立宣言」の意義を失わせないためにも、宣言掲載にあたっては「注釈」

として並記しておく必要がある。

2 「太政官布告」以降一五〇年の歴史のもとで闘いつづけた一〇〇年

◉日本社会における部落差別解消過程の概括（正念場の第五段階）

考えてみれば、一八七一（明治四）年に太政官布告（解放令・賤民廃止令）によってなくなるべきはずの部落差別が、一向に解消しないどころか、かえって強化されさえする事態に、異議申し立てをおこなったのが水平社創立であった。実に、「解放令」が発布されてから五〇年後のことである。このやむにやまれぬ思いが水平社宣言に凝縮されている。

では、日本社会における部落差別は、明治以降一五〇年においてどのような解消過程をたどってきたのか。五つの段階に特徴づけることができるだろう。

第一の段階は、明治維新（一八六八年）から敗戦（一九四五年）までの時代である。この時代は、部落差別は「あって当たり前」という「社会的容認」の時代と特徴づけることができる。明治以降一五〇年の歴史の半分以上にあたる七七年間である。政府は、「部落差別存続は、当事者責任である」として部分的な同情・融和政策をおこなっただけであった。このもとで、水平社は「差別糾弾闘争」を軸に苦難の闘いを起こしたのである。

第二の段階は、敗戦から同対審答申（一九六五年）が出されるまでの二〇年間である。現行憲法が制定され、第一四条で差別は許されないとしたが、「差別はいけないと思うが、あっても仕方がない」との「社会的黙認」の時代であった。この時代、戦後直後に水平社運動を再建した部落解放運動は、行政闘争を軸に悲惨な部落差別の実態を訴え、部落差別を国の責任で解決することを求めて国策樹立運動を展開した。国策樹立運動に対する大きな障壁は、二つあった。ひとつは、政府の「部落問題は解決済み」との姿勢であり、もうひとつは社会に蔓延していた「寝た子を起こすな」の意識であった。

第三の段階は、同対審答申から同和対策関係の「特別措置法」失効（二〇〇二年）までの三七年間である。この段階で政府は、「部落差別は厳存」「問題解決は国の責任であり国民的課題」であるとの姿勢を明確にして、やっと本格的な部落差別解決にむけた取り組みに乗り出した。従来の国の部落問題認識や行政姿勢を一八〇度転換したものであった。このことによって、「部落差別は許されないし、社会的に指弾される」という「社会的指弾」の状態になった。同和行政・同和教育が全国的に展開され、低位劣悪といわれた部落の実態が大幅に改善され、急激な実態変化をもたらした。同時に、部落差別はもとより、さまざまなマイノリティ問題解決にむけて、国際人権基準とのかかわりを含めて日本の「人権の法制度」のあり方が鋭く問われてきた。

部落解放運動は、この時期に「部落解放基本法」「人権侵害救済法」「人権委員会設置法」の制定を求めて、広範な各界各層の人びととの共同闘争を拡大させた。部落解放運動が、国際人権基準を国内人権政策のあり方に合流させる牽引力になったのもこの時期であった。他方、「逆差別」(ねたみ差別)、「行政依存」「似非同和行為」などの弊害が生じた。

第四の段階は、「特別措置法」失効から「部落差別解消推進法」制定(二〇一六年)までの一五年間である。小泉内閣の「人権擁護法案」や野田内閣の「人権委員会設置法案」が頓挫するなど、立法府の不作為状態が続き「法の空白期間」が生じたもとで、反差別・人権確立の取り組みが後景化されていった。部落差別は「社会的混沌」の状態であった。

このような状態のなかで、ネット社会の急速な進展もあいまって、「顔が見えない巧妙・陰湿な差別」が横行するとともに、「差別を当然視する確信犯的差別主義」が台頭してきた。「在日特権を許さない市民の会」(在特会)や「鳥取ループ・示現舎」の動向である。

第五の段階は、部落差別解消推進法制定から六年目を迎えている今日までの段階である。日本社会が、「社会的混沌」状態にとどまるのか、「人権確立社会」の実現に進んでいくのか、「新たな状態」にある。そこでは、部落解放運動自身も、「誇りの戦略」を貫くことができるか、それとも「隠しの戦略」に道を開くのかという岐路に直面している。

◉部落解放運動一〇〇年の概括（新たな「第四期」への胎動）

前述したような日本社会における部落差別解消過程に照応して、部落解放運動も一〇〇年の歩みを刻んできたが、それを時期区分的に特徴づけると次のようにいえるであろう。

第一期部落解放運動は、戦前の一九二二年の水平社創立から一九四二年の法的消滅までの約二〇年間である。この時期は、「糾弾闘争」主導時代と特徴づけることができる。

第二期は、水平社運動を再建した部落解放全国委員会結成（一九四六年）、部落解放同盟への改称（一九五五年）以降から反差別国際運動（IMADR）結成（一九八八年）までの四十余年間である。この時期は、第一期の糾弾闘争を継承しながら、一九五一年のオール・ロマンス差別事件糾弾闘争を機にして確立された「行政闘争」（差別行政糾弾闘争）主導時代と特徴づけられる。部落差別存続の根拠を、「個人責任」から「社会責任」へと転換させた画期であった。この行政闘争により、国策樹立運動を闘い、同対審答申を引き出し、同和行政・同和教育を全国展開させ、部落解放運動を量質とも飛躍的に前進させた。

第三期は、反差別国際運動結成から今日にいたるまでの三十余年間である。第一期の糾弾闘争、第二期の行政闘争の成果を継承しつつ、同時に明らかになってきた限界を乗り越えるための「新たな部落解放運動の創造」として提起されたものである。それは、第三期部落解放運動の「三つの合言葉」に端的に凝縮されている。すなわち、「部落の内から外へ」「差別の結果から原因へ」「行政依存から自立へ」である。

端的にいえば、同和対策事業の受け皿的な「部落内改善」運動の枠内に閉じ込められつつあった第二期の部落解放運動を、「日本社会の構造と社会関係変革運動」へとふたたび飛翔《ひしょう》させる試みであった。その象徴が、反差別国際運動の結成であった。それは、これまでの部落解放運動のなかで培ってきた広範な共同闘争（言論界・労働界・企業界・宗教界・教育界・福祉界等々）の力を基盤にして創出されたものであった。

まさに、「部落問題解決の真の鍵は、部落外の差別的な社会関係の変革にある」との認識から追求された「共同闘争」主導の時代として特徴づけられている。

部落解放運動一〇〇年の歩みを、第一期＝糾弾闘争主導の時代、第二期＝行政闘争主導の時代、第三期＝共同闘争主導の時代として特徴づけてきたが、水平社創立一〇〇年を機に部落解放運動は、第四期の新たな時代に入ってきているとの認識が必要である。

しっかりとした第三期部落解放運動の総括をふまえて「第四期」論が提起されなければならないが、これまでの「戦後部落解放運動史」の検証と再考作業を通じて、直感的にいえることは、第三期の共同闘争が理念的な段階から現実的・具体的課題を部落内外の広範な人たちとの「協働」を通じて実現していく段階に入ってきているということである。その方向性が、「水平的社会連帯」と「地域共生社会」の実現ではないかと思う。

3 部落解放運動の基本性格と基本方向

部落解放運動は、水平社創立以来一〇〇年の歴史を刻むなかで、数多の論争をくり広げてきた。それだけ部落解放運動の土壌が豊穣《ほうじょう》であったことの証でもあるが、時には組織分裂の憂き目もみてきた。

それらの経緯をみてくると、論争には、大きくいって二つの争点があった。ひとつは「部落差別の存続根拠をめぐる論争」であり、もうひとつは「部落解放の運動路線をめぐる論争」であった。前者は、「封建遺制論」と「資本主義構造内在論」の対立であり、後者は、「改革と革命にかかわる運動の基本路線」と「部落問題の独自性と協働性にかかわる運動の基本性格」についての論争であった。

◉部落問題解決にむけた独自課題と協働課題の統一

これらの問題を考えるうえで、明確にしておかなければならないことは、部落問題解決にむけては独自課題と協働課題が存在するということである。

独自課題とは、部落問題固有の特性にもとづく課題であり、「部落差別をする理由」（歴史性・社会性）と「歴史的集住性に特徴をもつ地域」（地域性）という固有の特性から生じる課題であり、部落解放運動が最後まで責任をもって解決すべきものである。

協働課題とは、差別の結果もたらされる不利益・不平等状態とそれを生み出す社会的原因にもとづく課題である。この差別の結果による不利益・不平等状態は、部落差別のみに現れる現象ではなく、すべての被差別マイノリティが共通にこうむる課題である。とりわけ、「人間が人間として存在するため」の最低限の基本的な権利が侵害されるという結果を引き起こす。すなわち、「労働する権利」（労働権）、「教育を受ける権利」（教育権）、「社会保障を受ける権利」（社会保障権）の侵害状態である。同時に、これらの権利侵害状態は、社会構造・システムの欠陥から生み出されていることは自明である。したがって、差別の結果に対する是正課題と差別の原因に対する改革課題は、他のマイノリティ諸運動や社会運動との協働の取り組みが必然となってくる。

部落解放運動一〇〇年の足跡が、糾弾闘争主導時代、行政闘争主導時代という独自課題を中心とした闘いから、共同闘争主導時代という三期の特徴をもって進められてきたことも、「独自課題」と「協働課題」の統一という歴史的な必然の流れであったととらえることができる。もちろん、この二つの課題の統一にかかわって、運動の進め方をめぐって歴史的には多くの葛藤があったことは事実である。「独自課題」のみに固執すれば、「部落第一主義」や「部落排外主義」的な運動になり、「協働課題」だけを重視すれば、「解消論」的な運動に陥るという傾向が生じる。この二つの課題をいかに統一させて運動を進めるかということで部落解放運動は苦悩・苦闘してきたともいえる。

これらの苦闘をふまえながら、「部落問題解決の仕組みを、すべての困難をかかえた人の問題解決の仕組みへと押し上げる」という方向性を部落解放運動は獲得してきた。いいかえれば、「独自課題」と「協働課題」を結合して、だれもが否定できない民主主義闘争としての部落解放運動を展開するということである。

◉部落解放運動の三大戦略課題

そのような観点から、今後の部落解放運動は、明確に三大戦略課題にもとづいて運動を展開する段階にきている。第一の戦略課題は、「人権の法制度」確立運動である。国際人権基準をふまえ、社会的排除・忌避・孤立を許さない民主的システムの構築によって日本社会を「人権確立社会」へと変革していく取り組みである。

第二の戦略課題は、「人権のまちづくり」推進運動である。生活圏域を基礎にして新たな共同体創出と豊かな人間関係を紡ぎ合う協働・共生の場としての関係性づくりをめざす取り組みであり、住民主導の参加・自治・管理の地域自治主義の訓練と実現によって、民主主義的な地域（陣地）を拡大させながら日本社会全体を民主的に変革させていく取り組みである。

第三の戦略課題は、「人権教育・啓発運動」の推進である。人間の生き方への真摯な追究にもとづく新たな社会的価値観の創出による人間変革の実現である。とりわけ、情報化社会の到来によってネット上でのさまざまな差別が氾濫している状況において、反差別・人権確立にかかわる学校教育・社会教育・職場教育は重要であり、ネットを活用した反差別・人権教育や啓発活動の本格的な体制を確立することは急務となっている。

これらの三大戦略課題にかかわる具体的な取り組み課題については、『続 部落解放論の最前線――水平社一〇〇年をふまえた新たな展望』（解放出版社、二〇二二年一二月）所収の拙論「部落解放論の再構築に向けた論点整理」を参照されたい。

4 人間の尊厳（基本的価値）を重要視した「三つの保障」の実現

部落解放運動の基本性格と基本方向を確認したうえで、その確認の基底に据えておかなければならないのは、人間の尊厳を重要視した「三つの保障」の実現という観点である。

◉差別を許さない人権保障

第一の保障は、「差別を許さない人権保障」の実現である。このとき、「人権とは、人間が人間として存在するために譲ることができない諸権利」として定義しておくことが肝要である。「人間が人間として存在するため」の社会条件の整備状況が社会の成熟度の指標となる。

そこでは、最低限の基本的権利として、「三つの権利」の具体化・充実化をめざすことである。「三つの権利」とは、「労働する権利」(労働権)、「教育を受ける権利」(教育権)、「社会保障を受ける権利」(社会保障権)である。これらの「三つの権利」の保障が具体化・充実化することによって、「健康で文化的な最低限度の生活を営む」(憲法第二五条)基盤ができるのであり、単なる生存権の保障にとどまることなく、「生命、自由及び幸福追求」(憲法第一三条「幸福追求権」)を可能にし、「幸福の平等」を底上げしていく社会的担保となる。

部落解放運動が推し進めてきた隣保事業とは、まさにこの「三つの権利」の保障事業であったとの視点を確立することが重要である。部落差別実態把握において、「福祉に欠ける」というような抽象的な表現による同情・憐憫的な措置行政的視点ではなく、差別によって「三つの権利」が侵害されている実態と具体的にとらえることによって、社会構造の問題点が浮かびあがり、普遍的な権利のための闘いが前進する。

同時に、「部落差別が見えにくくなっている」という状況は、実は「差別を見抜く視点と力」が弱体化もしくは欠落しているだけなのだという気づきに到達することができる。相談活動における重要な視点である。

◉排除を許さない社会保障

第二の保障は、「排除を許さない社会保障」の実現である。日本の社会保障制度は、四つの柱（社会保険／社会福祉／公的扶助／保健医療・公衆衛生）で成り立っており、生活万般のリスクに対応する壮大な制度体系である。しかし、「日本の社会保障政策の施策は数多あるが、哲学が存在しない」とよくいわれる。

ところが、「哲学」は存在している。明治以降の「勤勉・節約・克己」の倫理観をベースにして、困っている人を国（行政）が温情的に助けてやるという「恤救《じゅっきゅう》」（憐《あわ》れみめぐむこと）政策の哲学である。もっといえば、家思想と優生思想にもとづく「社会保障」哲学である。戦前の福祉が「治安の福祉」、戦後の福祉が「措置の福祉」といわれる所以である。二〇〇〇年の社会福祉法改定により「権利の福祉」といわれるようになったが、まだ本来の社会保障の哲学の域に達していない感がある。

本来、「社会保障を受ける権利」はすべての人が有しており、国（行政）はこれを保障する義務を負っているというのが、憲法第二五条や国際人権規約の社会権規約に規定されている社会保障の哲学である。社会保障権は人権の中枢的な権利であるという哲学を共有して、だれをも排除することのない社会保障政策の制度設計をおこなうことが求められる。

たとえば、最後のセーフティネットといわれる公的扶助の「生活保護制度」においても、名称からして「保護」ではなく、「生活保障制度」というのが適切であろう。また、今般のコロナ禍状況のもとで、「生活保護」を求める人が急増しているにもかかわらず、「扶養紹介」という家族・親族の扶養能力を調査する制度があるために、受給申請を躊躇《ちゅうちょ》する人が多数存在している現状がある。自らの社会保障権を放棄せざるをえない差別的偏見や仕組みがあるために、数多の社会保障施策があっても、そこに行き着かせないようになっていることが大問題である。

その意味では、「生活保護制度」を重要視してきた部落解放運動が、これまでの経験知を生かして、反差別・人権確立の観点から「生活保護制度」の抜本的改革の取り組みを進めることが急務である。現行の「生活保護」八扶助事業（生活・住宅・教育・医療・介護・出産・生業・葬祭）を部分的にも活用できる仕組みに改革し、生活困窮者支援制度や重層的支援体制整備事業と一体的に組み合わせることで、だれもが使いやすい制度に再構築していく取り組みを通じて、排除なき社会保障制度の全般的な充実を確立していくことが求められている。

◉戦争を許さない安全保障

第三の保障は、「戦争を許さない安全保障」の実現である。今般のロシアによるウクライナ軍事侵攻などの事態をみても、「戦争は最大の人権侵害である」ということに思いを馳《は》せ、戦争を許さない安全保障体制を構築することが大事である。

現在、人類が直面している「核戦争による人類滅亡の危機」「温暖化などの地球環境破壊の危機」「新型コロナウイルスなどによる感染症パンデミックの危機」などの事態をみると、この課題はとりわけ重要である。

戦争を許さない安全保障の要点は、沖縄復帰五〇年を機に沖縄差別の撤廃を基底において、沖縄基地問題を焦点化した日米地位協定の検討をおこなうこと、自衛隊の位置づけと自衛権問題などを軸に憲法九条堅守のための実効的対抗策を検討すること、日米安保条約の見直しを前提にして東アジア共同体構想の具体化をはかることなどが重要となっている。

いずれにしても、部落解放運動にとって、民主主義の原理から「三つの保障」にかかわる制度設計を追求することが不可避の課題となっている。その際、民主主義の本質は人民主権（主権在民と自決権）であること、人民主権の前提となる原則は人民間平等（共生的平等権）であり、平等の原則を実質化する自由の権利の伸張（平等の原則を侵害する自由は制限）をはかり、社会的弱者救済を重視する平等の実体化（形式的平等から実質的平等へ）を実現するという原則を堅守することである。

5　水平社一〇〇年を機にした闘いの「合言葉」と挑戦課題

◉部落解放同盟中央本部の「新たなる決意」

二〇二二年三月三日に京都で開催された水平社創立一〇〇年記念集会において、部落解放同盟中央本部は、四つの「新たなる決意」を示した。

決意の第一点は、人権の法制度確立である。「「人権の法制度」の確立をめざすことである。部落差別は社会的差別であり、その撤廃は完全に可能である。固定化され、制度化され、慣行化された差別に対しては、差別禁止法、人権侵害救済制度、再発防止など社会的条件の整備が必要である。部落大衆をはじめ被差別マイノリティの人権を確立するため、国際的な水準を反映した包括的な法制度を実現させる」とした。

決意の第二点は、部落差別を生み出し支える社会意識の解明と変革の闘いである。「部落差別と深く結びついた、「社会的格差」と「社会的排除」に対する徹底した闘いを挑むことである。そしてまた、差別排外主義の台頭、ネット社会がもたらす差別をはじめ、偏見と憎悪、抑圧と監視などと闘う」とした。

決意の第三点は、世界の水平運動の本格的展開である。「感染症をはじめ、地球温暖化、自然災害、環境破壊、戦争、核兵器、原発など、「地球的規模の人類的危機」に立ち向かうことであり、そのために「誰ひとり取り残さない」を合言葉に、ＳＤＧｓ（持続可能な開発目標）の本格的な推進に取り組む。そして世界からあらゆる差別をなくすため、文字どおり「世界の水平運動」の本格的な展開に突入する覚悟である」とした。

決意の第四点は、未来志向の組織改革である。「部落大衆の結集を軸としつつ、国内外の被差別マイノリティと勤労諸階層との連帯と協働を促進させ、部落解放同盟を開かれた「未来志向の組織」に改革する。そのための検討を、全国水平社創立一〇〇周年を機にスタートさせる」とした。

◉水平社一〇〇年を機にした闘いの「合言葉」

部落解放同盟中央本部が提示した「新たなる決意」を即刻具体化する取り組みをはじめることを熱望しつつ、筆者なりに水平社一〇〇年を機にした闘いの「合言葉」を提示しておきたい。

まず第一は、「水平社宣言の精神を人権文化創造の基調にすえよう！」ということである。とりわけ、「人間尊敬」「自主解放」「誇りの戦略」を部落解放運動の揺らぎなき戦略として一貫することである。そのためには継続的な組織内教育を重視する必要がある。

第二は、「同和対策事業の先駆性・公益性を「市民営化」で再生しよう！」ということである。部落解放運動が一貫して追求してきた同和対策事業の「民主的管理・運営・分配」方式をあらゆる「公」的事業に拡大し、「公」を市民の手に取り戻す取り組みである。全国的に後退してきている同和行政のなかにあって、隣保館や集合住宅・未利用地などの同和対策事業を「普遍的な社会的富」として「市民営化」(社会的中間組織を通じた市民主導による民主的管理と行政支援というシステム)で再生していくことが急務である。

第三は、「人権・民主主義・平和・環境の社会運動の牽引車になろう!」ということである。たとえば、新型コロナウイルス感染対策における差別禁止条例、私権制限に対する回復・補償政策、学校・隣保館など公的施設を使ったPCR検査の徹底、等々の運動化を通じて、「緊急事態対策基本法」(仮称)を人権保障の観点から制定する必要がある。そのような人権・民主主義課題では常に部落解放運動が社会運動の先頭に立つという意識形成と実践をおこない、既存の共闘組織を社会政策課題でネットワーク化し、協働行動化することである。

第四は、「多元性・多様性を包摂する運動と組織の再構築をはかろう!」ということである。部落解放同盟は、綱領(目的)に賛同する部落内外の多元的・多様な社会主体で構成することが望ましく、部落解放運動は、同盟、要求別・階層別組織、共闘組織による協働闘争で推進することを追求していく必要がある。

部落解放運動進展の時期区分対照年表

部落解放運動進展の時期区分		
主な出来事	時期区分と特徴	年代
□自由民権運動に多数の被差別部落民が参加（1874～1889） □「備作平民会」など各地で部落改善団体が活動(1900 年前後) □奈良「燕会」、大阪「一誠会」など自主団体が胎動	（各種融和運動）	1868
□全国水平社創立（1922） □高松結婚差別裁判糾弾闘争と「部落委員会活動」の確立（1933） □水平社法的消滅（1941）	第１期 〔糾弾闘争主導の時代〕	1922
□部落解放全国委員会の結成（1946） □行政闘争方式の確立（京都オール・ロマンス差別事件／和歌山西川県議差別発言／広島吉和中学差別事件糾弾闘争の教訓／ 1951～1952） □部落解放同盟への改称（1955） □部落解放国策樹立運動の展開（1950 年代） □義務教育教科書無償化闘争（1961～1963） □狭山事件発生（1963） □「明治 100 年の差別を問う」壬申戸籍差別糾弾闘争（1968） □部落地名総鑑差別事件糾弾闘争（1975） □北九州土地疑惑事件発覚（1981） □「部落解放基本法」制定要求国民運動の開始（1985）	第２期 〔行政闘争主導の時代〕	1945 1965
□反差別国際運動の結成（1988） □同和問題の現状を考える連絡会議結成（1991） □水平社創立 80 年記念で映画「橋のない川」制作・上映運動（1992） □全国部落出身議員連絡会結成（1993） □反差別国際運動の国連 NGO 登録承認（1993） □研究所「日本の人権政策に関する提言」公表（1993） □石川さん仮出獄（1994） □阪神淡路大震災（1995） □上杉委員長逝去（1996） □反人種主義・差別撤廃世界会議（ダーバン 2001） □部落解放・人権政策確立要求中央実行委員会に改称（2002） □第 60 回全国大会で「人権のまちづくり」運動などの人権政策を提起（2003） □人権市民会議結成（2006 →「日本における人権の法制度に関する提言」公表） □大阪飛鳥会問題など一連の同盟不祥事発覚（2006） □提言委員会より「部落解放運動への提言」を同盟中央本部に手交（2007） □第 68 回全国大会で「新綱領」を決定（2011） □東日本大震災（2011） □全国水平社創立 90 周年記念集会（2012）	第３期 〔共同闘争主導の時代〕	1988 2002 2016
□全国水平社創立 100 年記念集会（2022）	第４期 〔水平的社会連帯・地域共生社会推進の時代〕	2022

部落差別解消過程の段階と

部落差別解消過程の段階区分		
年代	段階区分と特徴	主な出来事
1868 1871	第１段階 〔差別は野放しで、あって当たり前の「社会的容認」状態〕	□明治維新 □太政官布告（解放令・賤民廃止令）発布（1871） □解放令反対一揆が 11 府県 21 回発生 □大日本帝国憲法発布（1889） □帝国公道会設立（1914） □中央融和事業協会設立（1925） □「融和事業完成 10 ヵ年計画」の開始（1936） □日中戦争（1937） □同和奉公会設立（1941） □太平洋戦争（1941）
1945	第２段階 〔差別は許されないが、あっても仕方がないの「社会的黙認」状態〕	□敗戦（1945） □厚生省「同和事業に関する件」の通達（1946） □日本国憲法発布（1946） □国連が「世界人権宣言」採択（1948） □朝鮮戦争勃発（1951） □日米安全保障条約改定（1960） □同和対策審議会設置法制定（1960）
1965	第３段階 〔差別は許されず、「社会的指弾」状態〕	□同和対策審議会答申（1965） □同和対策事業特別措置法制定（1969） □反動的「地対協路線」の開始（1986） □昭和天皇逝去（1989） □ソ連邦崩壊と東西冷戦の終焉（1991） □ 55 年政治体制の崩壊と連立政権時代の到来（1991） □村山連立政権「与党・人権と差別問題に関するプロジェクト」中間意見（1995） □地対協意見具申（最終／ 1996） □人権擁護施策推進法成立（1996） □人権教育・啓発推進法成立（2000）
2002	第４段階 〔差別は顔が見えず、陰湿巧妙な「社会的混沌」状態〕	□「特措法」失効（2002） □小泉政権の「人権擁護法案」廃案（2002～2003） □民主党鳩山連立政権発足（2009） □野田政権の「人権委員会設置法案」廃案（2011）
2016	第５段階 〔新たな状態〕	□「部落差別解消推進法」制定（2016） □法務省依命通知（2018） □「法六条調査」報告書（2020） □示現舎・鳥取ループ裁判東京地裁判決（2021）

本書を終えるにあたって

戦後部落解放運動史を検証しながら、部落解放運動のあり方を再考してきたが、あらためて部落解放運動の醍醐味と魅力を再生・発信することができるとの確信をいだいた。同時に、新たな評価軸の設定によって部落解放運動史を検証・再考することの必要性も痛感させられた。複眼的に全体像をとらえる歴史観が必要とされている。政治的な主義・主張を前提にした歴史観ではなく、客観的な事実から歴史の真実を読み解いていかなければ、意図せずに歴史修正主義に陥る危険性がある。

たとえば、日本の社会運動の歴史家として著名な塩田庄兵衛《しおたしょうべえ》は、「一九四六年二月、戦前の水平社の伝統を復活させて部落解放全国委員会が結成され、運動は再出発した（この運動は後述するように一九五五年八月、部落解放同盟と名称を改め大衆団体の性格を明確にした。のち運動路線の対立から六五年に分裂し、部落解放同盟は反共主義の団体となり、これに対抗して全国部落解放運動連合会＝全解連が結成されることになる）。」（『日本社会運動史』岩波書店、一九八二年、一六四頁）と書いている。この評価は、共産党系の観点から記述されているが、部落解放同盟が「反共主義の団体」になったことはなく、共産主義的立場も含めてさまざまな政治的立場の人びとを包摂しているのが事実である。ただ、歴史的経緯のなかで「反日本共産党」という立場になったことは事実であるが、「反共主義」ではないことも事実である。このように、ひとつの政治的立場からだけの見方では、歴史が歪曲される危険性もあることを肝に銘じさせられた。

雑誌『部落解放』の連載企画を提供し、それを単行本にまとめてくれた解放出版社に謝意を表するとともに、本書がひとりでも多くの人びとの問題意識を刺激し、部落解放運動を活性化するために多少なりとも役割を果たせることを期待して終筆にしたい。

最後に、本書の刊行にあたって、雑誌連載時から関係資料の収集・照合・点検などをはじめ、編集作業の労をとっていただいた解放出版社の小橋一司さんに心からの感謝を申しあげたい。

谷元昭信（たにもと あきのぶ）

1951年　岡山県北西部の農山村の被差別部落で出生
1970年　大阪市立大学法学部に入学と同時に、部落解放運動に参画
1972年　大阪市立大学部落問題研究会会長に就任
〔狭山差別裁判に反対する学生連絡会議結成（1972年）／大阪同和教育推進校実習生組合結成（1972年）／学生解放研連合協議会結成（1975年）〕
1973年　部落解放同盟大阪府連合会西成支部青年部に所属
1974年　部落解放研究所に勤務／部落解放全国行進隊および狭山中央オルグ団に参加／解放出版社に勤務
1975年　部落解放同盟中央本部に勤務
1982年　部落解放同盟中央本部事務次長に就任
1988年　反差別国際運動（IMADR）結成、事務局次長に就任
1990年　部落解放同盟中央本部事務局長に就任
1992年　部落解放同盟中央執行委員に就任／同大阪府連特別執行委員に就任
1994年　部落解放同盟中央書記次長に就任
1996年　上記役職辞任／部落解放同盟西成支部副支部長に就任
1998年　大阪市立大学非常勤講師に就任（2021年退任）
2000年　部落解放同盟中央執行委員に再就任
同大阪府連特別執行委員に再就任
2002年　部落解放同盟中央書記次長に再就任
反差別国際運動日本委員会事務局次長に就任
2012年　部落解放同盟関係役員を退任（3月31日）
2015年　部落解放論研究会結成（2021年代表に就任／現職）
2017年　関西学院大学非常勤講師に就任（2022年退任）
2020年　大阪市立大学熱光会会長に就任（現職）

著書

『冬枯れの光景——部落解放運動への黙示的考察』上・下巻（解放出版社、2017年7月）
『部落解放論の最前線——多角的な視点からの展開』（共編著、解放出版社、2018年12月）
『続 部落解放論の最前線——水平社100年をふまえた新たな展望』（共編著、解放出版社、2021年12月）

戦後の部落解放運動　その検証と再考

2023年３月15日　初版第１刷発行

著者　谷元 昭信

発行　株式会社 解放出版社
大阪市港区波除4-1-37 ＨＲＣビル３階 〒552-0001
電話 06-6581-8542　FAX 06-6581-8552
東京事務所
東京都文京区本郷1-28-36　鳳明ビル102Ａ 〒113-0033
電話 03-5213-4771　FAX 03-5213-4777
郵便振替 00900-4-75417　HP https://www.kaihou-s.com/

印刷　萩原印刷株式会社

ISBN978-4-7592-1039-2　NDC361.86　309P　19cm

障害などの理由で印刷媒体による本書のご利用が困難な方へ

本書の内容を、点訳データ、音読データ、拡大写本データなどに複製することを認めます。ただし、営利を目的とする場合はこのかぎりではありません。

また、本書をご購入いただいた方のうち、障害などのために本書を読めない方に、テキストデータを提供いたします。

ご希望の方は、下記のテキストデータ引換券（コピー不可）を同封し、住所、氏名、メールアドレス、電話番号をご記入のうえ、下記までお申し込みください。メールの添付ファイルでテキストデータを送ります。

なお、データはテキストのみで、写真などは含まれません。

第三者への貸与、配信、ネット上での公開などは著作権法で禁止されていますのでご留意をお願いいたします。

あて先
〒552-0001 大阪市港区波除4-1-37 HRCビル3F 解放出版社
『戦後の部落解放運動』テキストデータ係

テキストデータ引換券
『戦後の部落解放運動』
1039